Schriftenreihe der Juristischen Fakultät
der Europa-Universität Viadrina Frankfurt (Oder)

---

*Herausgegeben von*
Professor Dr. iur. Dr. phil. Uwe Scheffler, Frankfurt (Oder)

Springer-Verlag Berlin Heidelberg GmbH

Marcus Longino

# Die Pflegekinderadoption

Springer

Dr. iur. Marcus Longino
Tempelhofer Damm 186
D-12099 Berlin

ISBN 978-3-540-64036-3

Die Deutsche Bibliothek - CIP-Einheitsaufnahme
**Longino, Marcus:**
Die Pflegekinderadoption / Marcus Longino. - Berlin; Heidelberg;
New York; Barcelona; Budapest; Hongkong; London; Mailand;
Paris; Santa Clara; Singapur; Tokio : Springer, 1998
(Schriftenreihe der Juristischen Fakultät der Europa-Universität
Viadrina Frankfurt (Oder)
ISBN 978-3-540-64036-3 ISBN 978-3-642-58915-7 (eBook)
DOI 10.1007/978-3-642-58915-7


Umschlaggestaltung: Erich Kirchner, Heidelberg
SPIN 10653148 64/2202-5 4 3 2 1 0 - Gedruckt auf säurefreiem Papier

# Vorwort

Die nachfolgende Arbeit wurde von der juristischen Fakultät der Europa-Universität Viadrina Frankfurt/Oder im Sommersemester 1997 als Dissertation angenommen. Neuere Rechtsprechung und Literatur wurden bis Mai 1996 berücksichtigt.

Sie beschäftigt sich mit einer praktisch sehr relevanten, in der wissenschaftlichen Auseinandersetzung bisher eher wenig beachteten Problematik des Familienrechts – der Abwägung der rechtlichen Belange des Pflegekindes, der leiblichen Eltern und der Pflegeeltern. Hierbei wurde insbesondere der Versuch unternommen, unter Berücksichtigung der tatsächlichen und rechtlichen Seite einen Reformentwurf für den Fall der Adoption des Pflegekindes durch seine Pflegeeltern zu entwickeln.

An dieser Stelle gilt mein besonderer Dank Herrn Prof. Dr. Wittmann, der diese Arbeit anregte und während der gesamten Zeit der Bearbeitung in beispielhafter Art und Weise betreute.

Zu danken habe ich auch Herrn Prof. Dr. Meder für die zügige Erstellung des Zweitgutachtens sowie Herrn Prof. Dr. Dr. Scheffler für die Aufnahme in die von ihm herausgegebene Veröffentlichungsreihe.

Des weiteren danke ich Frau Kannenberg von der Berliner Senatsverwaltung für Schule, Jugend und Sport, Herrn Dr. Spilimbergo sowie Frau Dr. Nienstedt und Herrn Dr. Westermann für den vermittelten Einblick in die Praxis.

Berlin, im Oktober 1997

# Gliederung

Seite

Seite

Seite

Seite

# Abkürzungsverzeichnis

| | |
|---|---|
| a. A. | anderer Ansicht |
| ABGB | Allgemeines Bürgerliches Gesetzbuch für Österreich |
| AcP | Archiv für die civilistische Praxis |
| AdoptG | Adoptionsgesetz |
| AdopRÄndG | Gesetz zur Änderung von Vorschriften des Adoptionsrechts |
| a. F. | alte Fassung |
| AG | Amtsgericht |
| AöR | Archiv des öffentlichen Rechts |
| Art. | Artikel |
| BayObLG | Bayerisches Oberstes Landesgericht |
| Bd. | Band |
| BGB | Bürgerliches Gesetzbuch |
| BGBl | Bundesgesetzblatt |
| BGH | Bundesgerichtshof |
| BT Drucks. | Bundestagsdrucksache |
| BVerfG | Bundesverfassungsgericht |
| BVerfGE | Bundesverfassungsgerichtsentscheidung |
| BVerwG | Bundesverwaltungsgericht |
| bzgl. | bezüglich |
| bzw. | beziehungsweise |
| DA Vorm | Der Amtsvormund |
| DDR | Deutsche Demokratische Republik |
| ebd. | ebenda |
| EvBl. | Evidenzblatt |
| evtl. | eventuell |
| FamRZ | Zeitschrift für das gesamte Familienrecht |
| FuR | Familie und Recht |
| GG | Grundgesetz für die Bundesrepublik Deutschland |

| | |
|---|---|
| Hrsg. | Herausgeber |
| Hs. | Halbsatz |
| i. d. R. | in der Regel |
| i. S. | im Sinne |
| i. V. m. | in Verbindung mit |
| Jugendwohl | Zeitschrift für Kinder- und Jugendfürsorge |
| JZ | Juristenzeitung |
| KJHG | Kinder- und Jugendhilfegesetz |
| KG | Kammergericht |
| Komm. | Kommentar |
| LG | Landgericht |
| MüKo | Münchener Kommentar |
| NDV | Nachrichtendienst des Deutschen Vereins für öffentliche und private Fürsorge |
| NJW | Neue Juristische Wochenschrift |
| Nr. | Nummer |
| OGH | Oberster Gerichtshof (Österreich) |
| RdJB | Recht der Jugend und des Bildungswesens |
| RegE | Regierungsentwurf |
| RGRK | Reichsgerichtsrätekommentar |
| SorgeRG | Sorgerechtsgesetz |
| StAZ | Das Standesamt |
| vgl. | vergleiche |
| ZBlJugR | Zentralblatt für Jugendrecht und Jugendwohlfahrt |
| ZfJ | Zentralblatt für Jugendrecht |
| ZGB | Schweizerisches Zivilgesetzbuch |

# Einleitung

Mit dem Begriff „Pflegekindschaft" ist ein besonders trauriges Kapitel gegenwärtigen Familienrechts umrissen, das in der Öffentlichkeit und der rechtswissenschaftlichen Auseinandersetzung eher ein Schattendasein fristet. Gründe hierfür dürften wohl zum einen sein, daß Kinder ihre Interessen nicht selbst vertreten können, sie keine wirksame politische Lobby haben, zum anderen die Zurückhaltung, eine sich ausschließlich auf faktische Beziehungen gründende „Soziale Elternschaft" rechtlich anzuerkennen.

Bis 1979 fand die Pflegekindschaft im BGB keine Beachtung. Erst in der Praxis auftretende Konflikte, die nach der bis dahin bestehenden Rechtslage nur unzureichend gelöst werden konnten, veranlaßten den Gesetzgeber, durch das SorgeRG vereinzelte Regelungen in das BGB aufzunehmen. Außerhalb des BGB finden sich verstreut durch die gesamte Rechtsordnung Normen, die sich mit punktuellen Aspekten des Pflegekindverhältnisses beschäftigen. Eine geschlossene Regelung der Pflegekindschaft fehlt jedoch.

Vor etwa 14 Jahren stellten Wallmeyer und andere auf dem 54. Deutschen Juristentag fest, daß die Pflegekindschaft als eigenständiges Institut, das den Bedürfnissen des Pflegekindes gerecht wird, erst neu zu schaffen sei.

An diesem Befund hat sich bis heute nichts verändert, obwohl derzeit ca. 39500 Kinder in der Bundesrepublik in Familienpflege leben. 39500 Kinder, die bleibende Schäden ziehen an der Lebenswirklichkeit, in die sie hineingeboren wurden.

Ihr Schicksal ist gekennzeichnet von einem Zustand des Hin- und Hergerissenseins zwischen leiblichen Eltern und Pflegeeltern.

Die Adoption durch die Pflegeeltern stellt hier ein Instrumentarium dar, um eine dauerhafte rechtliche Zuordnung zu gewährleisten und dem Kind die für seine gedeihliche Entwicklung erforderliche Zukunftsperspektive zu vermitteln.

Anliegen dieser Arbeit ist es, Anwendungsmöglichkeiten der Adoption in diesem Zusammenhang zu untersuchen.

Hierzu sollen zunächst Umfang und Grenzen dieses Instituts im Pflegekinderbereich ausgemacht werden.

Im Anschluß sollen die einzelnen Voraussetzungen der Adoption im Hinblick auf die hier relevante Fallgestaltung betrachtet werden.

Besonderes Augenmerk wird dabei vor allem der Frage gelten, ob die vorhandenen gesetzlichen Regelungen ausreichend sind, oder der Gesetzgeber auch hier – wie im gesamten Pflegekinderbereich – Voraussetzungen und Konsequenzen weitgehend in der Schwebe läßt.

# 1. Kapitel
# Bedeutung und Umfang der Adoption als Instrumentarium der rechtlichen „Aufwertung" des Pflegekindverhältnisses

## A. Die Adoption als ein Mittel der rechtlichen „Aufwertung" faktischer Eltern-Kind-Beziehungen

Neben dem durch blutsmäßige Abstammung begründeten Verhältnis zwischen Eltern und Kindern können sich auch aufgrund familiärer Bindungen zwischen Erwachsenen und Kindern Eltern-Kind-Verhältnisse entwickeln. Familiäre Bindungen beruhen auf Gefühlsbeziehungen, die ein Kind aufgrund des Zusammenlebens und der täglichen Fürsorge und Pflege zu den betreuenden Personen entwickeln kann[1]. Wird ein Kind von diesen Personen liebevoll betreut, so stellen sich Bindungen ganz unabhängig davon ein, ob es sich bei diesen um die leiblichen Eltern handelt. Sogenannte „faktische Eltern-Kind-Verhältnisse"[2] sind z. B. das Verhältnis zwischen Stiefvater und Stiefkind und das Verhältnis zwischen Pflegeeltern und Pflegekind.

Das geltende Recht ist jedoch nur zögernd bereit, solche Eltern-Kind-Verhältnisse anzuerkennen, worauf das Institut der Adoption als eine Imitierung natürlicher Eltern-Kind-Verhältnisse[3] hinweist. Vielmehr läßt es den Formalakt der Adoption darüber entscheiden, gewissermaßen aus dem Nichts Rechtsbeziehungen zu schaffen. Für die betroffenen Kinder bedeutet dies, daß sie zwar tatsächlich durch eine emotionale Bindung mit bestimmten Personen wie z. B. dem Stiefvater oder den Pflegeeltern verbunden sind, dies aber im Gesetz nur unzureichend Ausdruck findet. Rechtlich bleiben sie zumindest teilweise den leiblichen Eltern zugeordnet. Adoptieren die faktischen Eltern das Kind, werden sie auch rechtlich vollwertige Eltern.

Die Adoption, die durch Rechtsakt künstlich ein Eltern-Kind-Verhältnis herstellt, ist so ein Mittel der rechtlichen „Aufwertung"[4] von faktischen Eltern-Kind-Verhältnissen.

---

1 Baer FamRZ 1982, S. 221, 225.

2 Zum Begriff der „faktischen Elternschaft", der von der Pädiatrie, der Kinderpsychologie und der Verhaltensbiologie entwickelt wurde siehe Goldstein, Jenseits des Kindeswohls, S. 23; Hassenstein, S. 377 ff.; Frank, S. 224 ff.

3 Frank, S. 224.

4 Frank, S. 224.

## B. Die rechtliche Stellung von Pflegekindern zu den leiblichen Eltern und den Pflegeeltern

Um die Bedeutung und die Reichweite der Adoption als Mittel der rechtlichen „Aufwertung“ faktischer Eltern-Kind-Beziehungen im Pflegekinderbereich zu verstehen, ist zunächst einmal die Rechtsstellung von Pflegekindern zu den leiblichen Eltern und den Pflegeeltern zu untersuchen. Erst wenn man diese rechtliche Ausgangslage kennt, wird deutlich, ob und inwieweit für Pflegekinder eine rechtliche „Aufwertung“ ihrer Beziehungen zu den Pflegeeltern notwendig ist und was das Institut der Adoption leisten kann, um ihre Rechtsstellung zu den Pflegeeltern zu verbessern.

Die vorliegende Darstellung kann jedoch nicht für sich beanspruchen, jedes Problem in diesem komplexen, teilweise noch völlig ungeklärten Bereich ausführlich und erschöpfend zu behandeln, da ein solches Vorhaben den Rahmen dieser Arbeit sprengen dürfte. Die Rechtsstellung des Pflegekindes wird deshalb hier nur insoweit behandelt, als sie für die Thematik der Pflegekinderadoption relevant erscheint.

### I. Die Begründung des Pflegeverhältnisses

Die Aufnahme bei den Pflegeeltern, die gemäß §§ 33, 44 SGB VIII der Erlaubnis des Jugendamtes bedarf, erfolgt aufgrund eines zumeist entgeltlichen Pflegevertrages[5], durch den der Personensorgeberechtigte die Ausübung der Personensorge auf die Pflegeeltern überträgt. Die Personensorge selbst verbleibt beim Personensorgeberechtigten.

Der Pflegevertrag kann jedoch jederzeit widerrufen werden. Verträge, die den Widerruf auf längere Zeit oder überhaupt ausschließen, sind sittenwidrig[6].(siehe hierzu auch Kapitel 1, A III 1)

### II. § 1632 Abs. 4

Aufgrund des Herausgabeanspruches des § 1632 Abs. 1[7], der sich aus dem Aufenthaltsbestimmungsrecht der Eltern gemäß § 1631 ableitet, hätten diese deshalb die Möglichkeit, das Kind jederzeit aus der Pflegefamilie herauszuverlangen.

Wenn das Kind jedoch längere Zeit in einer Familie gelebt hat und zu dieser neue Bindungen entwickelt hat, kann ein Herausreißen menschlich hart und

---

[5] Hierbei handelt es sich um einen privatrechtlichen Vertrag, der aus Elementen des Dienstvertrages gemäß § 611 und des Werkvertrages gemäß § 631 besteht, Bonhoeffer/Widemann, S. 377.

[6] OLG München HRR 1936, S. 263.

[7] Paragraphen ohne Angabe des Gesetzes sind solche des BGB.

pädagogisch sehr ungeschickt sein. Nachdem sich im Laufe der 70er Jahre, vor allem durch die Ausführungen von Goldstein, Freud und Sollnit[8], die Meinung durchgesetzt hatte, daß die Bindungen und Beziehungen eines Kindes, die es nach längerem Aufenthalt zu seinen Pflegeeltern aufgebaut hat, zu schützen seien, wurde durch das SorgeRG[9] die Regelung des § 1632 Abs. 4 in das BGB eingefügt.

Zuvor blieb den Gerichten nur der Rückgriff auf die für andere Konfliktfälle geschaffene Norm des § 1666, der im äußersten Falle elterlichen Versagens die Einschränkung bzw. einen Entzug der Personensorge vorsieht[10].

### 1. Inhalt des § 1632 Abs. 4

§ 1632 Abs. 4 ist eine Schutzvorschrift zugunsten des Pflegekindes[11] und schützt als eine der wenigen Normen im BGB die „faktische Elternschaft".

§ 1632 Abs. 4 verweist auf § 1666 und stellt so die Identität der Voraussetzungen für die Verbleibensanordnung mit den allgemeinen Kinderschutzvoraussetzungen klar[12]. Für den Verbleib in der Pflegefamilie ist deshalb erforderlich, daß sich das Herausgabeverlangen des Sorgerechtsberechtigten als mißbräuchliche Ausübung der elterlichen Sorge erweist, durch das das Wohl des Kindes gefährdet wird. Gemäß § 1632 Abs. 4 ist hierbei der Anlaß bzw. die Dauer der Familienpflege zu berücksichtigen. Eine Gefährdung des Kindeswohls kann darin begründet sein, daß der Sorgerechtsberechtigte das Kind unvermittelt aus seinen persönlichen und sachlichen Beziehungen seines Lebenskreises, mit denen es bis dahin fest verwachsen ist, herausreißt und es dadurch einer inneren und äußeren Entwurzelung anheimstellt[13]. Durch ein solches Verhalten kann das Kind irreversible Schäden an Leib und Seele erleiden[14].

### 2. § 1632 Abs. 4 in der Rechtsprechung des BVerfG

In Anbetracht der Tatsache, daß sich schon am Anfang der achtziger Jahre 67 000 Pflegekinder in der Bundesrepublik in staatlich überprüften Pflegestel-

---

[8] Goldstein, Freud und Sollnit in: Jenseits des Kindeswohls.

[9] In Kraft getreten am 1.1.1980.

[10] Zenz, in: 54. DJT, Bd I, A. 11; zur rechtlichen Situation vor dem SorgeRG siehe insbesondere den Fall der Angelika Kurtz, KG FamRZ 1963, S. 308 und Finger, Familienrecht, S. 353 ff.

[11] Lakies ZfJ 1989, S. 521, 522; siehe auch Salgo NJW 1985, S. 413 ff.

[12] MüKo-Hinz § 1632 Rz. 23.

[13] BayObLG NJW 1988, S. 2381, 2382.

[14] Lakies ZfJ 1989, S. 521, 522.

len befanden[15], war absehbar, daß bald nach Erlaß des SorgeRG, das BVerfG sich mit einer Überprüfung des §1632 Abs. 4 befassen würde.

In seiner ersten Entscheidung vom 17. 10. 1984[16] hatte das Gericht einen Beschluß des OLG Frankfurt über ein Herausgabeverlangen von leiblichen Eltern gegen die Pflegeeltern ihres Kindes zu überprüfen. Im Mittelpunkt stand hier die Frage, ob nach mehrjährigem Aufenthalt in einer Pflegefamilie eine Verbleibensanordnung nach § 1632 Abs. 4 auch dann ergehen kann, wenn bei der Begründung des Pflegeverhältnisses die Voraussetzungen des § 1666 noch nicht vorlagen. Das Gericht beantwortet diese dahingehend, daß ohne Rücksicht auf die Voraussetzungen bei der Fremdplazierung des Kindes allein aufgrund der Dauer des Pflegeverhältnisses eine Verbleibensanordnung nach § 1632 Abs. 4 gerechtfertigt sei, wenn „eine schwere und nachhaltige Schädigung des körperlichen und seelischen Wohlbefindens des Kindes bei seiner Herausgabe an die Eltern zu erwarten ist" und korrigiert so den Gesetzgeber (erste verfassungskonforme Auslegung von § 1632 Abs. 4). Im Ergebnis bedeutet dies, daß bei der Prüfung der Voraussetzungen des §§ 1632 Abs. 4, 1666 nicht auf den Zeitpunkt der Inpflegegabe, sondern auf den des Herausgabeverlangens abzustellen ist[17]. Desweiteren betont das Bundesverfassungsgericht das starke Recht der leiblichen Eltern aus Art 6 Abs. 1 GG, steht aber auch den Pflegeeltern ein Recht aus Art 6 Abs. 1 zu, das aber gegenüber dem Recht der leiblichen Eltern grundsätzlich zurückzutreten hat. Letztlich sei jedoch im Konfliktfalle zwischen leiblichen Eltern und Pflegeeltern nach dem Wohl des Kindes zu entscheiden[18].

Diese Betrachtungsweise hat das Gericht später noch auf zwei weitere Problemkonstellationen im Zusammenhang mit der Herausnahme von Kindern aus Pflegefamilien übertragen, nämlich die Herausnahme aus der Pflegefamilie mit dem letztendlichen Ziel, es in eine andere Pflegefamilie zu überführen[19] und die Herausnahme des Pflegekindes, um es in eine vorgesehene Adoptivfamilie zu überführen[20].

In seiner Entscheidung zu der Problemkonstellation, Wechsel der Pflegefamilie, hatte das BVerfG einen Beschluß des BayObLG zu überprüfen, in dem dem leiblichen Vater, einem Binnenschiffer, der sich nur wenig um sein Kind kümmerte, ein Herausgabeanspruch gegen die Pflegeeltern mit dem Ziel der Unterbringung des Kindes bei einer anderen Pflegefamilie, der Familie der Stiefschwester des Vaters, zugestanden wurde. Das Gericht legte § 1632 Abs. 4 zum zweiten Mal verfassungskonform aus und machte ein Herausgabe-

---

15 St. Bundesamt, Jugendhilfestatistik 1982; Zahl nur für alte Bundesländer; zur statistischen Entwicklung siehe Kapitel 2.

16 BVerfGE 68, S. 176 = NJW 1985, S. 423; Besprechung von Salgo, NJW 1985, S. 413 ff.

17 MüKo-Hinz § 1632 Rz 26.

18 BVerfG NJW 85, S. 423, 424.

19 „Janina-Fall", BVerfGE 75, S. 201 = FamRZ 1987, S. 786 = NJW 1988, S. 125; Besprechung von Happe, Jugendwohl 1990, S. 516; siehe auch Ell, ZFJ 1987, S. 493.

20 BVerfGE 79, S. 51 = FamRZ 1989, S. 31 = NJW 1989, S. 519.

verlangen „der Eltern oder eines Elternteils, mit dem nicht die Zusammenführung der Familie, sondern ein Wechsel der Pflegeeltern bezweckt wird", davon abhängig, ob mit „hinreichender Sicherheit eine Gefährdung des körperlichen, geistigen und seelischen Wohls ausgeschlossen ist"[21].

In seiner dritten Entscheidung zu § 1632 Abs. 4 hatte das BVerfG einen Beschluß des OLG Celle zu überprüfen, der ein Herausgabeverlangen des zum Vormund bestellten Jugendamtes gegen die Pflegeeltern zum Zweck der Überführung in eine Adoptivfamilie zum Gegenstand hatte. Ein solches Anliegen sei gerechtfertigt, wenn „psychische Beeinträchtigungen des Kindes als Folge der Trennung nicht schlechthin ausgeschlossen werden können"[22].

Die Voraussetzungen, die das BVerfG bei den verschiedenen Problemkonstellationen an ein Herausgabeverlangen stellt, sind die einer „gleitenden Skala". Entscheidend für die Höhe der Anforderungen, die an eine zu erwartende Gefährdung des Kindeswohls gestellt werden, ist die formale Rechtsstellung des Kindes zu derjenigen Person, die es zukünftig betreuen soll[23]. Am schutzwürdigsten sei danach diejenige Beziehung, die dem Kind die bestmöglichsten Entwicklungschancen eröffne und ihm ein Höchstmaß an Geborgenheit liefere[24].

Die höchsten Voraussetzungen stellt das Gericht demgemäß an ein Herausgabeverlangen, das dem Zwecke der Überführung in eine andere Pflegefamilie dient, da in diesem Fall ein Wechsel für das Wohl des Kindes in keiner Weise von Vorteil ist und es daher die schon bestehende Beziehung zu schützen gelte.

Bei der Konstellation des Herausgabeverlangens zum Zwecke der Überführung in eine Adoptivfamilie, spricht für den Wechsel die abgesicherte Rechts-

---

[21] BVerfG NJW 1988, S. 125.
Der „Janina-Fall" hat in der neueren Rechtsprechung eine traurige Fortsetzung erfahren: Nach Aufhebung der Urteile der Instanzgerichte und Zurückweisung der Sache an das Amtsgericht durch das BVerfG, lehnte dieses ein Herausgabeverlangen des leiblichen Vaters ab, erteilte ihm aber ein Besuchsrecht. Anläßlich eines Besuches verbrachte der Vater mit seiner Lebensgefährtin das Kind an einen unbekannten Ort. Nach Erlaß einer einstweiligen Anordnung auf Herausgabe des Kindes, beauftragten die Pflegeeltern einen Detektiv mit der Suche des Kindes. Die hierdurch enstandenen Kosten in Höhe von 19 800 DM verlangen die Pflegeeltern von dem Vater ersetzt.
Nachdem das BayObLG als Berufunggsgericht den Antrag der Pflegeeltern ablehnte, erhoben diese gegen die Kostenentscheidung Verfassungsbeschwerde. Bei Beurteilung, ob die Instanzgerichte bei der Auslegung von § 13 a FGG Verfassungsrecht verletzt haben, betont das BVerfG in Fortführung seiner bisherigen Rechtsprechung, die durch Art. 6 Abs. 1 GG geschützte Stellung der Pflegeeltern und die durch Art. 2 Abs. 1 GG geschützte Stellung des Pflegekindes und hebt letztlich die Entscheidung des BayObLG mit der Begründung auf, daß entgegen dem BayObLG in der Verbringung des Kindes keine rechtmäßige Ausübung der elterlichen Sorge zu sehen sei, sondern ein grobes Verschulden i.S. von § 13 a FGG (BVerfG FamRZ 1993, S.1420).

[22] BVerfG FamRZ 1989, S. 31.

[23] Lakies ZfJ 1989, S. 521, 524.

[24] BVerfG FamRZ 1989, S. 31, 32.

position, die das Kind durch die Adoption erlangt, die dem Wohle des Kindes eher Rechnung trägt als ein Pflegeverhältnis[25].

Die geringsten Anforderungen stellt das Gericht, wenn eine Überführung in die leibliche Familie beabsichtigt ist, da ein Aufwachsen bei den leiblichen Eltern am ehesten die gedeihliche Entwicklung des Kindes zu einer eigenverantwortlichen Persönlichkeit garantiere[26].

Das BVerfG erreicht durch diese Rechtsprechung einen die der Bedeutung der verschiedenen Eltern-Kind Beziehungen zwischen 1. Kind und leiblichen Eltern, 2. Kind und Pflegeeltern, 3. Kind und Adoptiveltern für das Wohl des Kindes gerecht werdenden Rechtsschutz der an den entsprechenden Problemkonstellationen beteiligten Personen[27]. Hierdurch wird gewährleistet, daß leibliche Eltern ihr Kind nicht mehr aus länger andauernden Pflegeverhältnissen zur „Unzeit" herausreißen können, sondern die neuen Bindungen zu den Pflegeeltern beachten müssen. Das BVerfG bekennt sich hierdurch zu dem in der juristischen Fachwelt gewandelten Verständnis von den Bedürfnissen des Kindes und betont die Rolle der Pflegeeltern, indem sie auch diese unter den Schutz des Art 6 GG stellt.

Hierdurch hat es in entscheidenem Maße dazu beigetragen, die rechtliche Stellung von Pflegekindern zu stärken.

## III. Das Pflegekind im „Spannungsverhältnis" zwischen Pflegefamilie und leiblichen Eltern

Durch die Einführung des § 1632 Abs. 4 und seine Auslegung durch das Bundesverfassungsgericht ist ein wichtiger Schritt getan worden, um die rechtliche Stellung des Pflegekindes zu seinen Pflegeeltern zu verbessern.

Jedoch sind hierdurch nicht alle Widersprüche auf dem Gebiet des Pflegekinderwesens beseitigt worden. Vielmehr ergeben sich gerade aus der konsequenten Anwendung des § 1632 Abs. 4 wieder neue Probleme. Leben Kinder über Jahre bei Pflegefamilien und haben sich aufgrund dessen derartige Bindungen zu den Pflegeeltern entwickelt, die eine Verbleibensanordnung nach § 1632 Abs. 4 rechtfertigen oder ist eine solche möglicherweise schon ergangen, ist eine Rückführung in die Ursprungsfamilie oftmals auf Jahre blockiert, in vielen Fällen sogar auf Dauer unmöglich[28]. Nicht selten ist der Kontakt zu

---

[25] BVerfG FamRZ 1989, S. 31, 34.

[26] BVerfG FamRZ 1989, S. 31, 33.

[27] Zur Umsetzung der Entscheidungen des BVerfG zu § 1632 Abs. 4 in der neueren Rechtsprechung der Instanzgerichte siehe BayObLG FamRZ 1993, S. 1356; BayObLG FamRZ 1991, S. 1080; OLG Hamm FamRZ 1994, S. 391; OLG Celle FamRZ 1990, S. 191; LG Köln FamRZ 1992, S. 712.

[28] Blandow, Dauerpflege, Adoption und Tagesbetreuung, S. 28. Nach dem Zahlenbeispiel von Blandow sind es nur 6% der Dauerpflegekinder, die in die Ursprungsfamilie zurückkehren.

den leiblichen Eltern nicht zuletzt durch mögliche Streitigkeiten im Zusammenhang mit einer Verbleibensanordnung ganz abgebrochen. Diese Kinder werden mehr und mehr zum Bestandteil der Pflegefamilie und dort genauso als Familienmitglied akzeptiert, wie ein leibliches Kind. Sie empfinden meistens die Pflegeeltern als ihre leiblichen Eltern. Im Ergebnis handelt es sich dann um eine „faktische Adoption“[29], die nicht durch Rechtssatz begründet wurde, die aber für die psychologische Einbindung des Kindes in die Ersatzfamilie die gleiche Wirkung hat.

Trotz dieser starken Einbindung in die neue Familie bleibt die rechtliche Stellung der Pflegeeltern hinter der der leiblichen Eltern jedoch weit zurück.

### *1. Die Personensorge*

Obwohl nunmehr die Pflegeeltern das Kind erziehen, es ernähren, es kleiden und ihm Schutz gewähren, steht ihnen die elterliche Sorge für das Kind nicht zu. Diese verbleibt weiterhin, wenn nicht ein Sorgerechtsentzug nach §§ 1666,1666a stattgefunden hat, bei den leiblichen Eltern.

Elterliche Sorge begründet auch elterliche Pflichten gegenüber dem Kind und aufgrund dieser Pflichtengebundenheit des Elternrechts ist es grundsätzlich unverzichtbar und als höchstpersönliches Recht unübertragbar[30]. Lediglich die Ausübung der elterlichen Sorge kann aufgrund eines formlosen Vertrages auf die Pflegeeltern übertragen werden; jedoch ist dieser Vertrag jederzeit widerrufbar. Die leiblichen Eltern können, solange ihnen nicht die elterliche Sorge nach §§ 1666, 1666a entzogen ist, sich ständig in die Erziehung der Pflegeeltern einmischen und in das Pflegeverhältnis „hineinregieren“, obwohl möglicherweise zwischen ihnen und dem Pflegekind kein Kontakt mehr besteht und es sie nicht mehr als „seine Eltern“ ansieht.

Um einem Dauerpflegekind eine gewisse rechtliche Einbindung in die Pflegefamilie zu geben, wurde §1630 Abs. 3 durch das SorgeRG in das BGB eingeführt[31]. Hiernach besteht die Möglichkeit, bestimmte Angelegenheiten der elterlichen Sorge durch das Vormundschaftsgericht auf die Pflegeeltern übertragen zu lassen. Die Pflegeperson erhält hierdurch die Rechtsstellung eines Pflegers. Das Vormundschaftsgericht entscheidet hierbei auf Antrag der leiblichen Eltern. Ein eigenes Antragsrecht der Pflegeeltern besteht nach geltendem Recht nicht und ist verfassungsrechtlich auch sehr bedenklich[32].

In der Praxis wird von dieser Möglichkeit jedoch nur selten Gebrauch gemacht[33]. Eine der wesentlichen Ursachen hierfür dürfte die psychische Schwelle sein. Der Weg zum Gericht hat für viele Eltern eine abschreckende Wir-

[29] Baer FamRZ 1982, S. 221, 225.
[30] KG FamRZ 1955 S. 295 ff.; RGZ 60, S. 266, 268; MüKo-Hinz § 1626 Rz 8.
[31] Baer FamRZ 1982, S. 221, 228.
[32] Giesen, JZ 1982, S. 817, 827, dafür wohl Schwab, 54. DJT, Bd. I, A 99 ff.
[33] Salgo, Pflegekindschaft und Staatsintervention, S. 281.

kung, da er als Eingeständnis von Inkompetenz und Versagen empfunden wird[14]. Weigern sich die leiblichen Eltern den Antrag nach § 1630 Abs. 3 zu stellen, so verbleibt nur die Möglichkeit, die elterliche Sorge gemäß § 1666 zu entziehen, was aber nur möglich ist, wenn eine Gefährdung des Kindeswohls vorliegt. § 1666 erweist sich so wieder einmal als die inadäquate Lösung für die Situation des Kindes in Dauerpflege[15]. Die Regelungswirkung des § 1630 Abs. 3 zur Lösung von Konflikten der leiblichen Eltern und der Pflegeeltern bei der Ausübung der elterlichen Sorge ist deshalb nur sehr begrenzt; die in diesem Zusammenhang auftretenen Konflikte werden hierdurch nur unbefriedigend gelöst.

Um die Rechtsstellung der Pflegeeltern in Hinblick auf die Geschäfte des täglichen Lebens zu verbessern[16], wurde § 38 SGB VIII durch das KJHG[17] eingeführt, der zugunsten der Pflegeeltern die gesetzliche Vermutung begründet, daß sie berechtigt sind, die Personensorgeberechtigten in einem gewissen Umfang zu vertreten. Bisher ergaben sich die Rechte und Pflichten von Pflegeeltern nur aus dem Pflegevertrag. Lagen keine ausdrücklichen Vereinbarungen über den Umfang des Personensorgerechts vor, ergaben sich häufig konkludent aus den Begleitumständen, welche Kompetenzen bei der Inpflegegabe übertragen wurden. § 38 SGB VIII stellt deshalb nichts Neues dar, sondern schafft nur mehr Klarheit für die Fälle, in denen die Rechtsbeziehungen zwischen leiblichen Eltern und Pflegeeltern in Pflegeverträgen nicht genau geregelt sind[18].

## 2. Der Name des Kindes

Auch bei voller Integration in die Pflegefamilie behält das Dauerpflegekind den Namen der leiblichen Eltern. Eine Einbenennung wie sie § 1618 Abs. 1 für das faktische Eltern-Kind-Verhältnis zwischen Stiefvater und Stiefkind vorsieht, ist für die faktische Eltern-Kind-Beziehung zwischen Pflegeeltern und Pflegekind nicht vorgesehen. Diese Tatsache dürfte eine Gefahr für das Wohl des Kindes darstellen, das sich in einem Identitätskonflikt[19] befindet, da es durch seinen Namen, der der Name der leiblichen Eltern ist, die das Kind aber möglicherweise nicht mehr als seine Eltern ansieht, ständig an sein eigenes schweres Schicksal erinnert wird. Hilfe bereitet nach der derzeitigen Rechtslage nur das NamensänderungsG, das allerdings in den §§ 3, 11 eine Namensän-

---

[14] Salgo, Pflegekindschaft und Staatsintervention, S. 281.
[15] Salgo, Pflegekindschaft und Staatsintervention, S. 290.
[16] Schellhorn/Wienand-Schellhorn § 38 Rz. 3.
[17] KJHG in Kraft getreten am 1. 1. 1991.
[18] Frankf. Komm. zum KJHG § 38 Rz. 2.
[19] Zur Rolle des Namens im Identitätskonflikt des Kindes siehe Wiemann, S. 92.

derung von dem strengen Kriterium eines „wichtigen Grundes" abhängig macht, der aber in vielen Fällen nicht vorliegen dürfte[40].

### 3. Die unverbindliche Rechtsstellung der Pflegeeltern gegenüber dem Pflegekind

Ist das Dauerpflegekind vollständig in die neue Pflegefamilie integriert und sind die Beziehungen zu den leiblichen Eltern abgebrochen, gerät das Kind in eine totale Abhängigkeit zu den Plegeeltern. In dieser Phase sind diese die einzigen Bezugspersonen für das Kind, das auf deren Zuwendung vollständig angewiesen ist.

Diese Abhängigkeit findet jedoch keinen Ausdruck in der Rechtsstellung der Pflegeeltern gegenüber dem Kind. Diese ist, abgesehen von dem Pflegevertrag, völlig unverbindlich[41]. Die Pflegeeltern können sich mit Leichtigkeit jederzeit des Pflegekindes wieder entledigen, ohne rechtliche Nachteile zu befürchten. Man kann deshalb von einem „Rückgaberecht" der Pflegeeltern sprechen[42]. Hierin ist ein Widerspruch zu sehen, der sich auf die Entwicklung der Eltern-Kind-Beziehung recht nachteilig auswirken dürfte. Dieser wird auch nicht dadurch beseitigt, daß die meisten Pflegekinder auf Dauer in der Pflegefamilie verbleiben.

## IV. Zusammenfassung und Folgerungen

Die Rechtsstellung von Pflegekindern gegenüber ihren Pflegeeltern hat durch die Einführung des SorgeRG und die Rechtssprechung des BVerfG in den letzten 14 Jahren zwar eine Stärkung erfahren, jedoch bleibt sie bei weitem hinter den konkreten Bedürfnissen des Kindes zurück.

Leibliche Eltern müssen heute die gewachsenen Bindungen des Pflegekindes zu den Pflegeeltern in der Weise respektieren, daß sie sie nicht mehr jederzeit aus der Pflegefamilie herausreißen können.

Dem rechtlichen Status nach bleibt es jedoch der elterlichen Familie, mit der es durch die „Bande des Blutes" verbunden ist, zugeordnet[43]. Den leiblichen Eltern verbleibt die elterliche Sorge, wodurch sie in die Pflegefamilie „hineinregieren" und das Pflegeverhältnis stören können. Auch führt das Pflegekind weiterhin den Namen der leiblichen Eltern.

---

[40] Siehe hierzu OVG Lüneburg StZA 1987, S. 77, das im Falle zweier nichtehelicher, geistig behinderter Kinder, die in einer ländlichen Gegend aufwuchsen und aufgrund der Namensverschiedenheit zahlreiche Diskriminierungen erfahren hatten, einen wichtigen Grund i.S. des NamensänderungsG annahm.

[41] Rummel, in: Handbuch Beratung im Pflegekinderbereich, S. 322.

[42] Permien, in: Handbuch Beratung im Pflegekinderbereich, S. 215.

[43] Wallmeyer, 54. DJT, Bd. II, I 11.

Durch den Mangel an familienrechtlicher Zuordnung wird bewirkt, daß die Pflegeeltern dem Pflegekind gegenüber, von dem Pflegevertrag abgesehen, keinerlei rechtliche Bindung eingehen und sie das Pflegeverhältnis jederzeit wieder beenden können, wodurch eine Kontinuität der Beziehungen[44], die gerade für Pflegekinder so wichtig erscheint, stark gefährdet wird. Hierdurch ist das Institut der Pflegekindschaft mit einem Bündel von Widersprüchen verflochten, die zu seinem Ziel, das Wohl des Kindes durch Inpflegegabe zu sichern, in Widerspruch steht[45].

Das Pflegekind befindet sich in einem unauflöslichen Spannungsverhältnis zwischen den leiblichen Eltern, denen es rechtlich zugeordnet bleibt und den Pflegeeltern, denen es tatsächlich zugeordnet ist[46].

## C. Der „Zustand" des Pflegekindes aus pädagogischer/ psychologischer und soziologischer Sicht

Die zuvor dargestellte rechtliche Betrachtung gibt für das Verständnis der tatsächlichen Situation, in der sich Pflegekinder und Pflegeeltern befinden, nur einen oberflächlichen Einblick; zu weitreichend und komplex für die gesamte Existenz des Kindes sind die Konsequenzen, die sich aus der doppelten Elternschaft ergeben, als daß sie sich allein durch eine Darstellung der rechtlichen Seite beschreiben ließen.

Will man nach juristischen Lösungen suchen, müssen auch die Erkenntnisse einschlägiger Wissenschaften, die sich mit dem Kind als ganzem und seinen Beziehungen zu den Eltern beschäftigen, insbesondere der Pädagogik, Psychologie und Soziologie herangezogen werden. Die umfangreichen Erfahrungstatsachen dieser Disziplinen tragen insbesondere dazu bei, die psychische Dimension der Probleme und Widersprüche im Zusammenhang mit der doppelten Elternschaft zu ergründen. Erst durch diese Kenntnis ist eine Beurteilung der rechtlichen Gesamtproblematik möglich, will man nicht Gefahr laufen, durch eine sich ausschließlich an rechtlichen Gesichtspunkten orientierende Betrachtung lebensfremde Ergebnisse zu erzielen.

An dieser Stelle soll deshalb der Versuch unternommen werden, den „Zustand" des Pflegekindes aus pädagogischer, psychologischer und soziologischer Sicht darzustellen, soweit dies für das vorliegende Thema relevant erscheint.

---

[44] Siehe hierzu Kapitel 1 C.

[45] Rummel, in: Handbuch Beratung im Pflegekinderbereich, S. 323.

[46] Wallmeyer, a.a.O., I 11.

## I. Die Herkunftsfamilie und deren Bedeutung für die geistige und seelische Entwicklung des Pflegekindes

In den meisten Fällen hat das Kind, bevor es in die Pflegefamilie gekommen ist, eine gewisse Zeit bei seiner Herkunftsfamilie gelebt. Hierbei hat es bereits vielfältige, oftmal negative, sein gesamtes Verhalten und seine Beziehung zu seiner Umwelt prägende Erfahrungen gemacht, die es in das Verhältnis zu den Pflegeeltern mit einbringt. Für das Pflegeverhältnis kann diese Tatsache eine schwere Hypothek bedeuten, die dessen weiteren Verlauf in entscheidendem Maße zu beinflussen vermag. Somit gilt es näheres über das Herkunftsmilieu von Pflegekindern und dessen Bedeutung für ihre geistige und seelische Entwicklung zu erfahren.

### *1. Struktur und Schichtzugehörigkeit der Herkunftseltern*

Bei der Untersuchung der Struktur der Herkunftsfamilie fällt auf, daß meistens „Einelten-Familien", überwiegend bestehend aus der Mutter und einem oder mehreren Kindern, von der Fremdplazierung betroffen sind[47].

Nach Untersuchungen des Deutschen Vereins sind 44 % der Pflegekinder nichtehelich geboren[48].

Die Mütter sind zu einem Drittel verheiratet, und zwar in 17 % der Fälle mit dem Vater des Kindes[49]. Hierbei könnte die These aufgestellt werden, daß Pflegekinder überwiegend aus Familien stammen, deren innerfamiliäres Beziehungssystem gestört ist.

Überwiegend haben die Eltern weniger qualifizierte Berufe. 34 % der Mütter sind in die Kategorie „ungelernte Arbeiterin", 30 % in die Kategorie „ausführende Angestellte" und 22 % in die Kategorie „angelernte Arbeiterin" einzustufen[50].

Bei den Berufsangaben der Väter überwiegen „ungelernter Arbeiter" mit 32 %, „angelernter Arbeiter" mit 28 % und Facharbeiter mit 19 %[51].

Dies deutet auf einen niedrigen Bildungsstand und eine schwache wirtschaftliche Situation, mithin auf eine schwächere soziale Stellung hin.

Die häufige Betroffenheit der „Einelten-Familie" aus schwachen sozialen Verhältnissen erklärt sich wohl aus den verstärkten Belastungen, denen diese ausgesetzt sind. Zum einen haben Alleinerziehende eine dreifache Belastung, nämlich durch Beruf, Haushalt und Erziehung. Zum anderen steht die schlechte wirtschaftliche Situation in engem Zusammenhang mit psychischen Problemen wie Isolation und Vorurteilen des Umfeldes. Hinzu kommen gerade bei

[47] Siehe hierzu Statistisches Bundesamt, Statistik der Jugendhilfe, Teil I 4.1, S. 17.
[48] Junker u. a., S. 12.
[49] Ebd., S. 12.
[50] Ebd., S. 13.
[51] Ebd., S. 13.

Trennung und Scheidung pädagogische Schwierigkeiten mit den Kindern, da eine solche belastende Situation an diesen nicht unbemerkt vorübergeht.

Gerade die schlechten ökonomischen Bedingungen und die daraus resultierenden Schwierigkeiten sind es, die auch zur psychischen Verelendung vollständiger Familie führen und deren Kinder zu Pflegekindern werden läßt.

Neben diesen angesprochenen Faktoren sind vielfältige andere Gründe für die Unterbringung von Kindern bestimmend. In erster Linie seien hier die eigenen Sozialisationserfahrungen genannt. Nach Dührssen[52] sind 62 % der Mütter von Pflegekindern selbst in Teilfamilien aufgewachsen. Vernachlässigte Kinder von heute sind somit oftmals auch die unzulänglichen Eltern von morgen.

## 2. Gründe für die Herausnahme/Herausgabe

Weitere Hinweise auf die Herkunftsfamilie geben die Einweisungsgründe, die zur Erstaufnahme des Kindes in eine Institution der öffentlichen Erziehung führten. Diese liegen nach der Untersuchung von Blandow[53] primär bei den Eltern, sekundär bei den als korrekturbedürftig empfundenen Verhaltensweisen der Kinder. Hiernach hängt in 70 % der Fälle die Aufnahme mit der Persönlichkeit der Eltern und ihrer Haltung gegenüber dem Kind zusammen[54].

Im einzelnen sind folgende Gründe ursächlich[55]:

- an erster Stelle steht mit 41 % die Vernachlässigung oder das Verlassen des Kindes durch die Mutter oder die Eltern
- Gefolgt von der Aussage „Sorgerecht der Eltern oder der Mutter entzogen" mit 29 %
- Mißhandlung der Kinder mit 10 %
- und Erziehungsschwierigkeiten mit 15 %

Ihren wesentlichen Ursprung haben diese Gründe in der sozialen Lage der Familie, u. a.[56] sind anzuführen:

- Wohnungsverhältnisse
- Ganztagsbeschäftigung der Mutter
- ökonomische Probleme

Der durch diese Faktoren erzeugte psychische Druck der Eltern wird in vielen Fällen an die Kinder weitergegeben, indem diese vernachlässigt oder körperlich oder seelisch mißhandelt werden. Ein Einschreiten des Jugendamtes erfolgt oft erst dann, wenn die Probleme sich dermaßen zugespitzt haben, daß

---

[52] Dührssen, S. 19.
[53] Blandow, S. 44.
[54] Ebd., S. 45.
[55] Siehe die Untersuchung von Junker u. a., S. 26.
[56] Blandow, S. 45.

öffentliche Hilfen in der Herkunftsfamilie nicht mehr ausreichen und nur noch eine Fremdplazierung des Kindes in einem Heim oder einer Pflegefamilie in Betracht kommt.

### 3. Deprivationssymptome und Trennungserleben von der leiblichen Familie

Die meisten Pflegekinder haben, wenn sie nicht schon als Neugeborene in die Pflegefamilie gekommen sind, vielfältige negative Erfahrungen mit ihrer Umwelt gemacht, die für ihr Erleben und Verhalten prägend sind und ihr Verhältnis zu anderen Menschen, insbesondere den Pflegeeltern, nachhaltig beeinflussen.

Ein Großteil von ihnen hat lange Heimaufenthalte oder häufige Wechsel der Pflegeeltern hinter sich[57]; die meisten stammen aus gestörten oder sozial schwachen Elternhäusern[58], in denen mütterliche Zuwendung nur unzureichend vorhanden war und sie oftmals seelischen und körperlichen Mißhandlungen ausgesetzt waren.

Auch das Trennungserlebnis von der leiblichen Familie als solches hat in vielen Fällen für das betroffene Kind traumatische Folgen[59], denn Kinder machen die Intensität ihrer Beziehungen nicht von der „mütterlichen Eignung", definiert durch die Gesellschaft, abhängig. Gerade bei hochgradig angstbesetzten Beziehungen ist oftmals eine sehr starke, in vielen Fällen auf Idealisierung der leiblichen Eltern gegründete Bindung zu beobachten, deren Verlust für das Kind nur schwer zu verarbeiten ist[60].

Folge dieser negativen Kindheitserfahrungen sind in den meisten Fällen als Deprivationen bezeichnete Rückstände in der kindlichen Entwicklung. Der Begriff Deprivation ist hierbei mit dem Zustand der frühen Entbehrung mütterlicher Zuwendung, Fürsorge und Liebe zu beschreiben[61]. Hinter ihm verbergen sich mehrere verschiedenartige Bedingungsgefüge, die jedes einzeln oder mehrere kumuliert auftreten können.

Zum einen bezeichnet man hiermit eine seelische Schädigung von Säuglingen und Kleinkindern, die längere Zeit im Heim lebten und deshalb keine genügende Interaktion mit der Mutter hatten[62].

---

[57] Nach der Untersuchung von Junker u. a. haben 49 % der Kinder schon mindestens einmal im Heim und 22 % in einer oder in mehreren anderen Pflegefamilien gelebt, siehe Junker u. a., S. 24.

[58] Vgl. A II 1.

[59] Vgl. Goldstein, S. 33 ff., Ainsworth, S. 187.

[60] Bowlby, Verlust, Trauer und Depression, S. 17; Dührssen, S. 48.

[61] Blandow, Rollendiskrepanzen, S. 11.

[62] Über diese als „totale Deprivation" bezeichnete Form bestehen zahlreiche Untersuchungen. Das erste Experiment, das einen Nachweis für die Bedeutung tragfähiger emotionaler Bindungen an eine ständige Pflegeperson für die kindliche Entwicklung lieferte, stammt aus dem 13. Jahrhundert. Kaiser Friedrich II. wollte wissen, ob die Sprache von

Als depriviert gilt aber auch ein Kind, wenn Entwicklungsstörungen auf eine zwar bestehende aber qualitativ unzureichende Beziehung zurückzuführen sind oder durch das Trennungserlebnis als solches ausgelöst wurden[63].

Eine innige und dauerhafte Beziehung ist nach allgemeiner Ansicht unerläßliche Voraussetzung für die geistige und körperliche Gesundheit des Säuglings oder Kleinkinds. Ist eine solche Beziehung überhaupt nicht vorhanden, in ihrer Qualität unzureichend oder wird eine vorhandene Beziehung unvorbereitet abgebrochen, gerät die Entwicklung auf Abwege. Das Kind erleidet im schlimmsten Fall Deprivationen in sämtlichen Bereichen seiner Entwicklung[64].

Art und Ausprägung der negativen Auswirkungen der Deprivation hängen von deren Ausmaß ab und variieren erheblich, je nach den Umständen der speziellen Lebensgeschichte des Kindes[65]. Die wichtigsten Faktoren sind[66]:

- Alter bei Beginn der Deprivation
- die Dauer des Heimaufenthalts und die Gegebenheiten des Heimmilieus
- die Häufigkeit des Wechsels der Bezugsperson

### a. Alter bei Beginn der Deprivation

Eltern-Kind-Beziehungen bleiben im Verlaufe der kindlichen Entwicklung nicht konstant, sondern verändern sich in Abhängigkeit von den sich differenzierenden Bedürfnissen des Kindes[67]. Die Folgen des Entzuges mütterlicher Zuwendung – durch eine qualitativ unzureichende oder überhaupt nicht vorhandene Beziehung oder durch den unvorbereiteten Abbruch einer bestehen-

innen oder außen käme. Er ließ Waisenkinder von Ammen betreuen, die kein Wort mit ihnen sprechen durften. Alle Kinder starben, berichtet bei Christoffel, S. 69. Neuere Erkenntnisse liefern die Arbeiten von Spitz, der die Auswirkung von Deprivationen im ersten Lebenjahr untersuchte, vgl. Spitz, Hopitalism, S. 53–75, die Arbeiten von Goldfarb, der Kinder im Alter von 34–35 Monaten beobachtete, von denen die Hälfte im Heim und die andere Hälfte ab dem 4. Monat in Pflegefamilien untergebracht war, vgl. Goldfarb, S. 53–75, und die Arbeiten von Freud/Burlingham, die Anstaltskinder und Familienkinder im Alter von 1. Monat bis 2 Jahren miteinander verglichen.

[63] Zur sogenannten „partiellen Deprivation" bei vorhandener, aber qualitativ unzureichender Beziehung vgl. Bowlby, Mütterliche Zuwendung und geistige Gesundheit, S. 18 f.; zu Entwicklungsstörungen als Reaktion auf das Trennungserlebnis an sich („Diskontinuität mütterlicher Zuwendung") vgl. Ainswoth, S. 175; Goldstein, Jenseits, S. 33 f.

[64] Auf geistigem Gebiet finden sich häufig Störungen in der Sprachentwicklung, Defekte in der Raum- und Zeitauffassung, und Retardierungen bzw. Ausfälle im Bereich des abstrakten Denkens, Schmidt/Kolmer, S. 41 ff. Bei den meisten Kindern ist eine gestörte Schulentwicklung zu beobachten, Dührssen, S. 99 ff. Auf psychosozialem Gebiet kommt es oftmals zu Störungen im Bereich der Ich-Entwicklung, zu antisozialem und aggressiven Verhalten, zu Kontaktschwierigkeiten und allgemein zu einer Unfähigkeit, zwischenmenschliche Beziehungen aufzubauen, Dührssen, S. 91 ff.

[65] Ainsworth, S. 176.

[66] Blandow, Rollendiskrepanzen, S. 15.

[67] Nienstedt/Westermann, S. 50.

den Beziehung – sind daher in Abhängigkeit von den sich stets verändernden Bedürfnissen des Kindes nach Nähe zu der Bezugsperson in jedem Entwicklungsstadium verschieden.

aa. Die emotionale Bindungsfähigkeit an eine Bezugsperson entwickelt sich beim Menschen bereits im ersten Lebensjahr.

Ab dem 6. Monat beginnt das Kind seine Mutter von anderen Personen zu unterscheiden[68].

Ende des ersten Lebensjahres weist die Beziehung schon alle Merkmale auf, die eine Liebesbeziehung in jedem Zeitpunkt des Lebens aufweist, nämlich den Wunsch nach Nähe und Zärtlichkeit und lang anhaltende negative Reaktionen bei tatsächlichem Kontaktverlust.

Vor dem sechsten Monat liegt noch kein entwickeltes Unterscheidungsvermögen vor, so daß hier ohne einschneidende Folgen die leibliche Mutter durch eine Pflegemutter ersetzt werden kann[69]. Kinder, die schon in den ersten Lebensmonaten in die Pflegefamilie gekommen sind, dürften deshalb nur in geringem Maße Deprivationssymptome aufweisen[70].

bb. In der Zeit zwischen dem 6. und dem 12. Monat, in der sich die Beziehungen zur Mutter allmählich entwickeln und festigen, hat eine Trennung schon sehr nachhaltige Folgen[71].

Dasselbe gilt für das 2. Lebensjahr, in dem sich die Beziehung zur Mutter vertieft hat. Anhaltende und ernsthafte Deprivationen führen in diesem Alter oftmals zu Beeinträchtigungen auf intellektuellem und personalem Gebiet. Insbesondere die Sprachentwicklung und die Entwicklung des abstrakten Denkens sind in diesem Alter leicht störbar[72].

Im Alter zwischen 3 und 5 Jahren nimmt die Deprivationsanfälligkeit langsam ab[73]. Das Kind lebt in dieser Phase nicht ausschließlich in der Gegenwart und ist deshalb in der Lage, sich eine Zeit vorzustellen, in der die Mutter wieder bei ihm ist.

Ab dem 5. Lebensjahr gegen Ende der ödipalen Phase, sinkt die Verwundbarkeit immer mehr ab, wobei zu beachten ist, daß auch viele Kinder im Alter zwischen 5 und 8 Jahren nicht in der Lage sind, eine Trennung in befriedigen-

---

[68] Schenk/Danziger, S. 44.

[69] Freud/Burlingham, S. 68.

[70] Yarrow, S. 122; nach Junker u. a. kamen knapp ein Fünftel der Pflegekinder (19 %) in den ersten 6 Monaten in die Pflegefamilie, Junker u. a., S. 40.

[71] Schenk/Danziger, S. 50; nach Junker u. a. kamen etwas mehr als ein Viertel der Pflegekinder (27 %) vor Ablauf des ersten Lebensjahres in die Pflegefamilie, Junker u. a., S. 40.

[72] Ainsworth, S. 200; nach Junker u. a. kamen die Hälfte der Kinder vor dem vollendeten 3. Lebensjahr in die Pflegefamilie, Junker u. a., S. 40.

[73] Bowlby, Geistige Gesundheit, S. 39.

der Weise zu überwinden, wenn diese plötzlich und ohne vorhergehende Vorbereitung erfolgt.

### b. Dauer eines Heimaufenthalts und Heimmilieu

Ein weiterer Faktor, der für Art und Umfang einer Entwicklungsstörung maßgebend ist, ist die Dauer eines Heimaufenthaltes und die innere Struktur des Heimes[74].

Zahlreiche Untersuchungen beweisen, daß die Dauer eines Heimaufenthaltes, besonders in der frühen Kindheit bis zum 6. Lebensjahr, in entscheidendem Maße die kindliche Entwicklung beeinträchtigen kann[75]. Die Ursachen hierfür liegen neben dem Mangel an angemessener kontinuierlicher mütterlicher Zuwendung vor allem in der Schwierigkeit begründet, bei einer großen Anzahl von Kindern die Möglichkeit zu bieten, aktiv am täglichen Leben der Gemeinschaft teilzunehmen, was für die geistige und soziale Entwicklung von größter Bedeutung ist[76].

Neben der Dauer eines Heimaufenthaltes ist auch das Heimmilieu für Art und Schwere einer Deprivation entscheidend[77]. Hier sind insbesondere die personelle Ausstattung und das persönliche Engagement der Betreuer als bestimmende Faktoren zu nennen, die von Heim zu Heim verschieden sind[78].

### c. Die Häufigkeit des Wechsels der Bezugsperson

Nach allgemeiner Ansicht ist die Kontinuität einer emotionalen Beziehung dafür entscheidend, in welchem Umfang Störungen in der kindlichen Entwicklung auftreten. Kinder sind insbesondere in den ersten Lebensmonaten auf eine ständige Bindung an eine Bezugsperson angewiesen. Der Verlust dieser Person hat für das Kind in den meisten Fällen traumatische Folgen[79]. Über Trennungsangst und Trauer hinaus führt ein solches Erlebnis zu einer Herabsetzung der Bindungsfähigkeit. Insbesondere, wenn Trennungen sich wiederholen, wie es bei den meisten Pflegekindern der Fall ist, nehmen Bindungen immer mehr oberflächlichen Charakter an[80]. Das Kind verliert sein Zutrauen in die Erwachsenenwelt und reagiert auf den Aufbau einer neuen Beziehung mit Anpassungsschwierigkeiten, die sich in einem provozierenden Verhalten gegenüber

---

[74] Nach den Untersuchungen von Junker u. a. haben 49% der Pflegekinder bereits in einem Heim gelebt, Junker u. a., S. 24

[75] Nach Junker u. a. haben 30 % der Kinder einen Heimaufenthalt bis zu einem Jahr hinter sich, 20 % waren 1 bis 2 Jahre und 26 % 2 bis 4 Jahre in einem Heim untergebracht, Junker u. a., S. 24.

[76] Bowlby, Mutterliebe und kindliche Entwicklung, S. 144.

[77] Vgl. hierzu Schmidt/Kolmer, S. 76 ff.; Meierhofer/Keller, S. 163 ff.

[78] Schmidt/Kolmer, S. 164.

[79] Siehe Kapitel 1 C I 3.

[80] Bowlby, Bindung, S. 34.

der Pflegeperson äußern und oftmals wieder zu einem Abbruch des Pflegeverhältnisses führen[81].

Bei einer Inpflegegabe muß deshalb von Anfang an das oberste Gebot sein, dem Kind die Möglichkeit zu eröffnen, feste und dauerhafte Beziehungen einzugehen[82].

## II. Die Pflegefamilie und die Integration des Kindes in diese

### *1. Schichtzugehörigkeit*

Die Schichtzugehörigkeit der leiblichen Eltern ist in großem Maße für die Lebensbedingungen des Kindes in der Pflegefamilie entscheidend. Mit ihr sind typische Einstellungen und Verhaltensweisen verbunden, die mit denen der Pflegefamilie in vielen Fällen nicht übereinstimmen und deshalb die Integration in sie erschweren.

Nach den Untersuchungen des Deutschen Vereins stammen die Pflegeeltern i. d. R. aus einer anderen Gesellschaftsschicht als die leiblichen Eltern[83].

Sie gehören häufiger als andere gehobenen Berufsgruppen an. 18 % sind Beamte, davon 11 % im höheren oder gehobenen Dienst, 33 % sind Angestellte, davon üben die meisten eine qualifizierte oder leitende Stellung aus. In die Kategorie „angelernter" oder „ungelernter" Arbeiter sind 15 % einzustufen.

Die meisten Pflegemütter sind nicht berufstätig (85 %). Bei den Berufstätigen überwiegen höher qualifizierte Angestelltentätigkeiten oder selbständige Tätigkeiten im Einzelhandel[84].

Im Gegensatz zur leiblichen Familie, die zumeist in schwachen sozialen Verhältnissen lebt, ist die durchschnittliche Pflegefamilie die gutsituierte, aufstiegsorientierte Mittelschichtsfamilie[85].

### *2. Motive zur Aufnahme eines Kindes*

Nach der Untersuchung von Junker u. a. nannten 40 % der Befragten, als entscheidendes oder zumindest recht bedeutendes Motiv für die Aufnahme eines Pflegekindes „die Aussicht, etwas Nützliches für die Gemeinschaft" leisten zu können. 22 % maßen der Möglichkeit, hierdurch „ihren Glauben als Christ in die Tat umsetzen" zu können, große Bedeutung zu[86].

---

[81] Zu den Ursachen für einen Abbruch des Pflegeverhältnisses vgl. Blandow, Rollendiskrepanzen, S. 89 ff.

[82] Lempp, 54. DJT, Bd. II, I 55.

[83] Zur Schichtzugehörigkeit der leiblichen Eltern siehe Kapitel B, I, 1.

[84] Junker u. a., S. 68.

[85] Blandow, Dauerpflege, Adoption und Tagesbetreuung, S. 52.

[86] Junker u. a., S. 35.

Neben solchen altruistischen Motiven, spielt häufig auch eine seelische Mangellage der Pflegemutter, die durch ein Kind überwunden werden soll, eine entscheidende Rolle. Ihr Zustand ist oftmals geprägt durch das Erleben von Deprivation in Bezug auf eine absolute oder relative Kinderlosigkeit[87]. Die Gründe für ein solches Gefühl des Mangels und des „Beraubtseins" können verschiedene Lebensbereiche betreffen. Als die wesentlichsten sind hier der kulturell-soziale, der familiäre, der persönliche und der wirtschaftliche Bereich zu nennen[88].

a. Die Aufnahme eines Kindes kann aufgrund „kultureller Deprivation" erfolgen. In einem solchen Fall wird der Zustand der eigenen Kinderlosigkeit als unvereinbar mit der kulturell definierten Rolle der Frau als Mutter angesehen. Die Vorstellung ist hier, eine Frau ohne Kinder ist keine „richtige Frau"; ohne Kinder gibt es kein „erfülltes Leben"[89].

Nach der Untersuchung von Junker u. a. maßen 30 % der Frauen und 5 % der Männer diesem Beweggrund „entscheidende" oder „ziemlich große" Bedeutung bei. 37 % der Pflegemütter und 1 % der Pflegeväter hatten keine eigenen Kinder[90].

b. Die Aufnahme des Kindes kann aufgrund „familiärer Deprivation" erfolgen. Hier dominiert die Erwartung, daß durch die Aufnahme eines Pflegekindes das gestörte Ehe- und Familienleben wieder in Ordnung gebracht wird. Typische Beispiele sind offene oder versteckte Ehespannungen, deren Ausbruch oder „Kittung" durch die Annahme eines Kindes verhindert bzw. vollzogen werden soll, oder die Annahme eines Pflegekindes für ein eigenes, evtl. verhaltensgestörtes Kind[91].

Nach den Untersuchungen von Junker u. a. waren solche Motivlagen insgesamt nur recht selten vorhanden. So wurde dem Motiv „... damit unsere Ehe wieder in Schwung kommt" nur von 6 % der Befragten teilweise Bedeutung zuerkannt[92].

c. Die auf „persönlicher Deprivation" beruhende Motivation meint die affektive Erwartung, durch die Aufnahme eines Kindes das gestörte persönliche Gleichgewicht wieder herstellen zu können. Mit der Aufnahme eines Kindes wird hier Hoffnung verbunden, irgend etwas wieder „gut machen" zu können[93].

Nach den Untersuchungen von Junker war auch dieses Bedingungsgefüge recht selten vertreten. So äußerten 5 % der Befragten, daß für sie das Motiv,

[87] Ebd.
[88] Ebd.
[89] Ebd., S. 58
[90] Junker u. a., S. 32.
[91] Blandow, Rollendiskrepanzen, S. 58 ff.
[92] Junker u. a., S. 33.
[93] Blandow, Rollendiskrepanzen, S. 59.

„ein eigenes Kind verloren zu haben und ein anderes an dessen Stelle zu setzen" für sie zumindestens teilweise von einiger Bedeutung sei. Für 6 % war die Erfahrung, selbst eine unglückliche Kindheit verlebt zu haben zumindestens mitentscheidend gewesen[94].

d. Die auf „wirtschaftlicher Deprivation" beruhende Motivation meint den Wunsch oder die Hoffnung, ein wirtschaftliches Ziel mit Hilfe eines Kindes zu erreichen; es wird auf das Pflegegeld spekuliert oder auf die Arbeitskraft eines zumeist älteren Jugendlichen[95].

Beweggründe wie Hilfe bei der Hausarbeit und Hilfe im Betrieb wurden nach Junker u. a. überwiegend verneint.

Bei einigen Frauen spielt jedoch die Möglichkeit eine Rolle, durch die Inpflegenahme eines Kindes auch etwas zum Familienunterhalt beitragen zu können, eine nicht unwesentliche Rolle. Für 3 % war diese Aussicht von „ganz entscheidender", für 4 % von „ziemlich großer" und für weitere 8 % teilweise von Bedeutung[96].

### 3. Die Integration des Kindes in die Pflegefamilie

Die Integration des Kindes in die Pflegefamilie ist in den meisten Fällen ein sehr langwieriger und mit Krisen behafteter Prozeß. Das Pflegekind ist gehalten, sich auf neue Interaktionspartner einzustellen, sich an eine neue Umgebung zu gewöhnen. Die Pflegeeltern stehen vor der schwierigen Aufgabe, die in den meisten Fällen vorhandenen negativen Sozialisationserfahrungen des Kindes aufzuarbeiten, ihm die Grunderfahrungen des geborgenen Familienkindes nachholend zu vermitteln und ihm tragfähige Eltern – Kind Beziehungen anzubieten[97].

Da die typischen Konflikte und Verarbeitungsmöglichkeiten bei früh- und bei spätplazierten Kindern recht unterschiedlich sind, sollen in der Bearbeitung deren Probleme getrennt behandelt werden.

#### a. Die Integration bei frühfremdplazierten Kindern

Bei Kindern, die schon in sehr jungen Jahren in der Pflegefamilie untergebracht wurden, verläuft die Integration in der Regel recht spannungsfrei[98]. Kinder, die schon in den ersten Lebensmonaten in die Pflegefamilie gekommen sind, weisen in den meisten Fällen noch keine Deprivationssymptome auf sozio-emotionalem Gebiet auf[99]. Sie sind noch nicht durch die Lebensbedin-

---

[94] Junker u. a., S. 34.
[95] Blandow, Rollendiskrepanzen, S. 60.
[96] Junker u. a., S. 35.
[97] Plinke/Sell, S. 47.
[98] Nienstedt/Westermann, S. 183.
[99] Siehe Kapitel 1, B, I, 1.

gungen der Herkunftsfamilie geprägt, so daß ein Milieuwechsel für sie nicht mit einem Zwang zur Neuorientierung verbunden ist. Die Pflegeeltern, die das Kind tagtäglich versorgen, werden zwangsläufig, wenn sie sich nicht emotional versagen, die psychologischen Eltern des Kindes, da es für Kinder völlig irrelevant ist, ob es die leiblichen Eltern oder andere Personen sind, von denen sie geliebt werden und auf die sie sich verlassen können[100]. Pflegeverhältnisse verlaufen deshalb bei kleineren Kindern in der ersten Zeit zumeist positiv.

Erste größere Probleme entstehen, wenn das Kind in die Schule kommt und einen anderen Namen trägt als die Eltern.

Eine große Belastung stellt auch bei frühfremdplazierten Kindern die Pubertät dar. Der Prozeß der Ablösung, der darauf gerichtet ist, eine elternunabhängige Selbstdefinition zu erlangen, gestaltet sich bei Pflegekindern noch komplizierter als er ohnehin schon ist[101]. Pflegeeltern reagieren auf die ersten Autonomiebestrebungen oftmals verunsichert und setzen dem Kind Widerstand entgegen, was zu Spannungen im Pflegeverhältnis und zu einer Entfremdung zwischen ihnen und dem Kind führt[102].

### *b. Die Integration älterer Kinder*

Wenn ein älteres Kind von der Herkunftsfamilie getrennt und in einer Pflegefamilie untergebracht wird, ist es schon durch die Wertvorstellungen des Herkunftsmilieus geprägt. Die Eingliederung in die Pflegefamilie bedeutet, alte Bindungen und Gewohnheiten aufzugeben und sich an eine neue soziale Umwelt anzupassen[103]. Hierbei ist es gehalten, sich an neue Bezugspersonen zu gewöhnen und die expliziten oder indirekten Verhaltensmuster, Rituale und Wertvorstellungen einer i. d. R. anderen Gesellschaftsschicht anzunehmen[104].

In der Anfangsphase scheint es, als ob dem Pflegekind dieses problemlos gelänge. Das Kind möchte aufgrund seines schwachen Selbstvertrauens in seinem neuen Lebensmilieu nicht auffallen und mobilisiert alle Kräfte für eine Anpassung[105].

Der Zustand der Anpassung ist im Laufe der Integration des Kindes jedoch nur ein vorübergehender[106]. Fühlt das Pflegekind sich in seiner neuen Umgebung sicherer, beginnt es die in der Herkunftsfamilie gemachten Erfahrungen auf die Pflegefamilie zu übertragen[107]. Die oftmals negativen Erlebnisse , Äng-

---

[100] Bowlby, Bindung, S. 280.

[101] Zum Pubertätskonflikt bei Pflegekindern vgl. Nienstedt/Westermann, S. 270.

[102] Baethge, S. 53.

[103] Blandow, Dauerpflege, Adoption und Tagesbetreuung, S. 90.

[104] Plinke/Sell, S. 48.

[105] Bonhoeffer/Widemann, S. 114.

[106] Nienstedt/Westermann, S. 55.

[107] Ebd.; Mit dem Begriff Übertragung bezeichnet die Psychoanalyse bestimmte psychodynamische Prozesse, die zunächst für die Beziehung zwischen psychoanalytischem Arzt und Neurosepatient charakteristisch sind. Der Analysepatient überträgt im Laufe der Behandlung seine frühkindlichen Erfahrungen auf den Arzt,vgl. Müller, S. 554. Ähnli-

ste und Wünsche aus der Zeit bei der leiblichen Familie werden in der Beziehung zu den Pflegeeltern noch einmal Wirklichkeit, obwohl diese dem Kind möglicherweise ein ausreichendes Maß an Liebe und Zuwendung zuteil werden lassen[108]. Für das sozialgeschädigte Kind sind seine Verwahrlosungssymptome der wertvollste Besitz[109]. Es hält an ihnen fest, bis ihm eine andere Erfahrung zuteil wird[110]. Wenn das Kind seine Pflegeeltern als zuverlässige und schützende Eltern erlebt, wird es in die Lage versetzt, seine früheren Erlebnisse Schritt für Schritt aufzuarbeiten und zu korrigieren[111]. Durch eine solche Aufarbeitung der Vergangenheit müssen Pflegeeltern systematisch die Beziehungsfähigkeit des Kindes rekonstruieren und wo eine solche überhaupt nicht vorhanden war, eine solche originär entwickeln[112]. Den Pflegeeltern wird in dieser Zeit ein großes Maß an Rücksichtnahme und persönlichen Verzichtsleistungen abverlangt. Ihre Opferbereitschaft und Bemühungen stoßen häufig nur auf Desinteresse und Abwehr beim Kind, was für viele Pflegeeltern nur schwer zu verkraften ist. Besonders betroffen sind Pflegeeltern, für die besondere persönliche Deprivationen wie z. B. der Wunsch nach Zuwendung und Anerkennung eines Kindes, um hierdurch das eigene Selbstbewußtsein zu stärken, das auslösende Motiv zur Aufnahme des Pflegekindes war[113]. Die „Undankbarkeit" des Kindes und die lange Zeit des vergeblichen Hoffens auf Gegenliebe führt häufig zum Scheitern des Pflegeverhältnisses.

## III. Das Kind im „Dreieck" zwischen Herkunftsfamilie und Pflegefamilie

### *1. Spezifische Probleme bei frühfremdplazierten Kindern*

Wie schon in Kapitel 1 C II 3 erwähnt, werden die Pflegeeltern bei frühfremdplazierten Kindern i. d. R. ohne größere Integrationsprobleme die psychologischen Eltern des Kindes. War bei Herausnahme aus der leiblichen Familie noch keine differenzierte Beziehung zu den leiblichen Eltern vorhanden, bleiben diese für das Kind zumeist außenstehende Fremde, da sich Bindungen aufgrund der Interaktion mit einer Bezugsperson entwickeln und nicht per se aufgrund der Abstammung vorhanden sind. Wenn die leiblichen Eltern erkennen müssen, daß das Kind zu den Pflegeeltern eine Eltern-Kind-Be-

---

che Übertragungsprozesse wie zwischen Arzt und Patient finden sich auch bei anderen sozialen Gruppen mit stärkeren persönlichen Gefühlsbindungen wie zwischen Ehepartnern, Eltern und Kindern, Richter, S. 76.

108 Muss, S. 82.

109 Bettelheim, S. 27.

110 Mehringer Unsere Jugend 1975, S. 146, 153.

111 Nienstedt/Westermann, S. 188.

112 Mehringer, S. 167.

113 Plinke/Sell, S. 51.

ziehung entwickelt hat und an sie nicht emotional gebunden ist, reagieren sie oftmals mit Protest und Ablehnung. Gegen diese schmerzliche Wahrnehmung der Bindung an andere Eltern wird der Anspruch formuliert, daß es ihr Kind sei und eines Tages zu ihnen zurückkehren werde, auch wenn dies zur Zeit völlig irreal erscheint[114]. Das Kind erlebt in dieser Situation die leiblichen Eltern als Bedrohung, die ihm verweigern, die neuen Bindungen an die Pflegeeltern störungsfrei zu genießen. Gelingt es hier nicht, den Konflikt zugunsten der Beziehung des Kindes zu seinen psychologischen Eltern zu entschärfen, muß mit erheblichen Verunsicherungen gerechnet werden, die bald in Verhaltens- und Entwicklungsstörungen ihren Ausdruck finden[115].

## 2. Spezifische Probleme bei spätfremdplazierten Kindern

Werden ältere Kinder in der Pflegefamilie fremdplaziert, haben sie zumeist einige Zeit in der Herkunftsfamilie gelebt und Beziehungen zu den leiblichen Eltern entwickelt. Bei der Integration in die Pflegefamilie ist das Kind gehalten, sich an die Wertvorstellungen und Normen einer i. d. R. anderen Gesellschaftsschicht anzupassen und das für die Herkunftsfamilie geltende aufzugeben. In vielen Fällen gerät das Kind hierdurch in einen Loyalitätskonflikt[116]. Hat das Kind neue Eltern-Kind-Beziehungen zu den Pflegeeltern entwickelt, ist aber auch noch eine Beziehung zu den leiblichen Eltern vorhanden, bedeutet die Entscheidung für das eine System einen Verrat am anderen und umgekehrt. Besonders stark treten solche Konflikte hervor, wenn zwischen Pflegeeltern und leiblichen Eltern keine tragbare Zusammenarbeit stattfindet, sondern beide Parteien um das Kind rivalisieren[117]. Dieses gerät hierdurch in eine Situation der inneren Zerissenheit, die auch als „pathogenes Dreieck“[118] bezeichnet wird und in vielen Fällen mit Entwicklungsstörungen verbunden ist. Eine Lösung des Loyalitätskonflikts ist bei fehlender Zusammenarbeit zwischen leiblichen Eltern und Pflegeeltern oftmals nur durch den Bindungsabbruch zu einer Elternpartei – entweder den Pflegeeltern oder den leiblichen Eltern – zu erreichen.

## 3. Der Pflegekinderstatus – ein Leben in Ungewißheit

In den wenigsten Fällen ist von vornherein klar, wie lange das Kind in der Pflegefamilie verbleiben wird, ob es überhaupt jemals in die Herkunftsfamilie zurückkehren wird. Meist entscheidet sich das endgültige Schicksal des Kindes

---

[114] Nienstedt/Westermann, S. 188.
[115] Ebd., S. 184.
[116] Permien, in: Handbuch Beratung im Pflegekinderbereich, S. 214.
[117] Schumann, in: Handbuch Beratung im Pflegekinderbereich, S. 61.
[118] Protokoll der Jugendamtsleitertagungen 1982, S. 23.

erst nach Jahren, nachdem es möglicherweise neue Bindungen zu den Pflegeeltern aufgebaut hat. Für das Pflegekind bedeutet dies ein Leben in vollkommener Ungewißheit. Es weiß nicht, ob die Pflegeeltern von ihrem „Rückgaberecht" oder die leiblichen Eltern von ihrem „Rückholrecht" Gebrauch machen[119]. Dieser Zustand macht es diesen Kindern sehr schwer, neue Bindungen einzugehen und die eigene Identität zu gewinnen[120]. Schon kleineren Kindern ist oftmals ihr Status als Pflegekind recht genau bewußt. Durch die Besuche des Sozialarbeiters und dessen Fragen wie „kannst Du Dir vorstellen wieder bei der Mutti zu leben" und Briefen des Jugendamtes erlebt es, daß seine Bindungen an die Pflegeeltern nicht so gesichert sind wie die der anderen Kinder aus dem Freundeskreis oder aus der Nachbarschaft. Nicht selten reagiert das Kind mit einer heftigen Verunsicherung und einem tiefen Mißtrauen in seine Umwelt. Auch bei größtem Bemühen gelingt es Pflegeeltern deshalb häufig nicht, dem Kind das für seine Entwicklung so wichtige Gefühl der Geborgenheit zu geben.

# D. Was kann die Adoption als Mittel der rechtlichen „Aufwertung" faktischer Eltern-Kind-Verhältnisse nach geltendem Recht leisten? Welche Grenzen sind ihr hierbei gesetzt ?

Nach dem geltenden Recht ist das Institut der Adoption das einzige Mittel, um faktische Eltern-Kind- Verhältnisse rechtlich „aufzuwerten". Um die Bedeutung zu verstehen, die diesem Institut im Pflegekinderbereich zukommt, ist zu untersuchen, was es zur Verbesserung der in Kapitel 1 B und C beschriebenen rechtlichen und tatsächlichen Situation beitragen kann und welche Grenzen ihm hierbei gesetzt sind.

## I. Was kann die Adoption zur Verbesserung der Situation von Pflegekindern beitragen?

### *1. Die Auswirkungen der Adoption auf das Sorgerecht*

Durch die Adoption erlöschen gemäß § 1755 sämtliche Verwandtwandtschaftsverhältnisse des Kindes und seiner Abkömmlinge zu der leiblichen Familie.

Gemäß § 1754 Abs. 1 wird das Kind eheliches Kind der Pflegeltern mit allen rechtlichen Konsequenzen.

---

[119] Permien, in: Handbuch Beratung im Pflegekinderbereich, S. 215.

[120] Ebd.

Nach der Adoption steht diesen deshalb das Recht der elterlichen Sorge in vollem Umfange zu. Den leiblichen Eltern verbleibt ab der Einwilligung in die Adoption gemäß § 1751 Abs. 1 S. 1 nicht einmal mehr ein Umgangsrecht mit dem Kind. Ein „Hineinregieren“ und Stören des Pflegeverhältnisses wie es in Kapitel 1 B III 1 beschrieben wurde, ist so nicht mehr möglich. Die psychologischen Eltern, die das Kind erziehen, es kleiden und ernähren, sind so auch in rechtlicher Hinsicht „vollwertige Eltern“. Sie müssen nun keine Rücksicht mehr nehmen auf den Willen der leiblichen Eltern und können das Kind gemäß ihren Wertvorstellungen erziehen. Das Kind ist hierdurch nicht mehr der Zankapfel, der zwischen der Pflegefamilie und der leiblichen Familie steht. Es bekommt durch die Adoption vielmehr dauerhafte, ausschließliche Bezugspersonen, an deren alleinigen Wertmaßstäben es sich orientieren kann, ohne auch auf die Wertmaßstäbe der leiblichen Eltern Rücksicht nehmen zu müssen, die nunmehr keinen Einfluß mehr auf es ausüben können.

Hierdurch dürfte in entscheidendem Maße dazu beigetragen werden, einen Loyalitätskonflikt des Kindes zugunsten der Beziehung zu den Pflegeeltern zu entschärfen und eine vollständige Integration in die Pflegefamilie zu ermöglichen.

### *2. Die Auswirkungen der Adoption auf den Namen*

Gemäß § 1757 Abs. 1 S. 1 erhält das Kind als Geburtsnamen den Familiennamen des Annehmenden. Die Zugehörigkeit zur Pflegefamilie drückt sich so auch im Namen des Kindes aus, was für seine Identitätsfindung von entscheidender Bedeutung sein dürfte[121], denn der Name ist ein Kontinuitätsfaden[122], der das Kind immer wieder an seinen Ursprung – die leibliche Familie – zurückführt, solange es deren Namen trägt. Erst wenn das Kind auch den Namen der Pflegeeltern trägt, ist eine vollständige Identifizierung mit ihnen möglich.

Gemäß § 1757 Abs. 4 S. 1 Nr. 1 kann auf Antrag des Annehmenden mit Einwilligung des Kindes auch der Vorname durch das Vormundschaftsgericht geändert werden, wenn dies dem Wohl des Kindes entspricht. § 1757 Abs. 4 S. 1 Nr. 1 stellt eine Erleichterung zu der (kostenpflichtigen) Namensänderung[123] nach §§ 3, 11 NamenänderungsG dar. Die Grenze scheint hier erreicht zu sein, wenn sich das Kind mit seinem Vornamen bereits identifiziert hat[124].

[121] Siehe hierzu Kapitel 1 B III 2.

[122] Lindesmith/Strauss, S. 117.

[123] Siehe hierzu Kapitel 1 B III 2.

[124] Staudinger-Frank § 1757 Rz. 38; Zur Bedeutung des Vornamens für die Identität des Kindes und die Identifizierung der psychologischen Eltern mit dem Kind vgl. Hoffmann/Riem,S. 263 ff.

### 3. Die Schaffung dauerhafter Rechtsbeziehungen mit Hilfe der Adoption

Der Schritt der Adoption ist für alle Beteiligten ein endgültiger. Er löst nicht nur die Bindungen zu den leiblichen Verwandten auf, er kann auch, wenn die Voraussetzungen der §§ 1741 ff. vorliegen, nicht mehr einseitig aufgelöst werden. Die psychologischen Eltern können sich nicht mehr, wie es vor der Adoption möglich war[125], jederzeit wieder des Pflegekindes entledigen. Vielmehr bewirkt die Kindesannahme, daß selbst bei einem Scheitern der faktischen Beziehung ein Eltern-Kind-Verhältnis mit all seinen rechtlichen Konsequenzen wie Unterhalt usw. bestehen bleibt[126]. Ein Wechsel von Pflegestelle zu Pflegestelle ist deshalb nicht mehr möglich. Die Adoption versetzt das Kind so in die Lage, feste und dauerhafte Beziehungen zu seinen psychologischen Eltern aufzubauen, was insbesondere dem Gebot der Kontinuität kindlicher Beziehungen Rechnung tragen dürfte[127]. Die starke Abhängigkeit von den Pflegeeltern, die für viele Dauerpflegekinder entsteht, wenn nach jahrelangem Aufenthalt in der Pflegefamilie die Beziehungen zu den leiblichen Eltern, möglicherweise auch im Zusammenhang mit einer Verbleibensanordnung nach § 1632 Abs. 4, abgebrochen sind und die Pflegeeltern die einzigen Bezugspersonen für das Kind sind, findet durch die Adoption auch rechtlich Ausdruck.

Der in Kapitel 1 B III angesprochene Widerspruch wird hierdurch gelöst.

Für das Pflegekind bedeutet dies vor allem, daß es keine Furcht mehr haben muß, die Pflegeeltern wieder zu verlieren. Es kann sich nun sicher sein, daß die psychologischen Eltern auch sein Leben lang „seine Eltern“ sein werden und es sich keine Angst mehr um seine weitere Zukunft zu machen braucht. Pflegeeltern und Kind können nun ihre Beziehungen noch weiter vertiefen ohne sich eine „Hintertür offenzuhalten“, da sie nicht befürchten müssen irgendwann einmal wieder getrennt zu werden.

Für den Integrationsprozeß des Kindes in die Pflegefamilie stellt die Adoption deshalb eine sehr gute Rahmenbedingung dar.

### 4. Distanzierung von den leiblichen Eltern

Pflegekinder kommen häufig aus einem schwachen sozialen Umfeld[128]. Nicht selten wurden dort ihre kindlichen Bedürfnisse nicht genügend befriedigt oder sie waren körperlichen oder seelischen Mißhandlungen ausgesetzt[129]. Ange-

---

[125] Siehe Kapitel 1 B III 3.

[126] Frank, S. 247.

[127] Siehe hierzu Kapitel 1 C 2.

[128] Siehe Kapitel 1 I 1.

[129] Es bestehen leider keine genauen Angaben, wieviele Pflegekinder in der leiblichen Familie mißhandelt wurden. Nach den vielen, umfangreichen Gesprächen, die ich mit Sozialarbeitern führte, die im Pflegekinderbereich tätig sind, dürfte es sich jedoch um

sichts der Ohnmacht, von den leiblichen Eltern nicht beschützt, sondern überwältigt oder nicht versorgt zu werden, verbleibt dem mißhandelten Kind oftmals nur der Fluchtweg nach innen, um seine beängstigenden Erfahrungen zu verdrängen. Das Kind idealisiert die mißhandelnden Eltern und identifiziert sich mit ihnen als Aggressor[130]. Folge einer solchen Identifikation können Störungen der Beziehungsfähigkeit, der Ich- und Gewissensentwicklung sein[131]. Bei schweren traumatischen Erlebnissen kann das Kind auch bei Trennung von der Herkunftsfamilie und einer Aufnahme bei befriedigenden Pflegeeltern die leiblichen Eltern weiterhin als Bedrohung erleben, mit der Folge, daß die Identifikation mit ihnen aufrechterhalten bleibt. Pflegekinder, die ihre Eltern als überwältigend und übermächtig erlebt haben, haben nicht selten Phantasien und Ängste, daß die leiblichen Eltern sie stehlen[132]. Die durch die Mißhandlung erfahrene Machtfülle löst beim Kind die Angst aus, daß die leiblichen Eltern auch jederzeit die Macht haben, das Kind wieder aus der Pflegefamilie herauszureißen. Wie groß deren Einfluß noch ist, erlebt das Kind, wenn die Eltern von ihrem Besuchsrecht Gebrauch machen oder es aus der Pflegefamilie herausverlangen. Eine Korrektur seiner Erfahrungen, kann erst gelingen, wenn das Kind sich von den überwältigenden Eltern ablöst und eine kritische Distanz zu ihnen gewinnt[133].

Hierbei kann der Adoption eine entscheidende Bedeutung zukommen. Da durch sie das Kind in rechtlicher Hinsicht voll den Pflegeeltern zugeordnet wird, braucht es nicht mehr zu befürchten, von den leiblichen Eltern aus den Bindungen zu den Pflegeeltern herausgerissen und erneut Mißhandlungen ausgesetzt zu sein. Diese durch die Adoption gewonnene Sicherheit dürfte dem mißhandelten Pflegekind das Gefühl vermitteln, daß die leiblichen Eltern keine Macht mehr über es haben und nicht mehr über es verfügen können. Dem Kind ist es so möglich, sich von den als Bedrohung erlebten Eltern zu distanzieren und gemeinsam mit den Pflegeeltern Schritt für Schritt seine negativen Erfahrungen zu korrigieren.

### *5. Die Besuche des Jugendamtes*

Ein weiterer Punkt, der einer vollständigen Integration in die Pflegefamilie entgegenstehen kann und durch die Adoption beseitigt wird, ist die Kontrolle durch das Jugendamt.

Gemäß § 37 Abs. 2 SGB VIII hat das Jugendamt die Aufgabe, die Pflegeperson vor der Aufnahme und während der Pflege zu beraten und zu unterstüt-

eine beachtliche Anzahl handeln. Zum Zusammenhang zwischen Kindesmißhandlung und dem Herkunftsmilieu des Kindes im allgemeinen vgl. Zenz, Kindesmißhandlung, S. 231 ff.

130 Nienstedt/Westermann, S. 113.

131 Ebd., S.114 ff.; siehe auch Zenz, Kindesmißhandlung, S. 270.

132 Blandow, Dauerpflege, S. 95.

133 Nienstedt/Westermann, S. 118.

zen. Gemäß § 37 Abs. 3 SGB VIII soll das Jugendamt an Ort und Stelle prüfen, ob die Pflegeperson eine dem Wohl des Kindes oder des Jugendlichen förderliche Erziehung gewährleistet. Diese Kontrolle wird in der Regel durch halbjährige Besuche von Sozialarbeitern im Pflegekinderdienst wahrgenommen. Während dieser Besuche hat der Sozialarbeiter die Möglichkeit, z. B. seine Arbeit offenzulegen und Ängste im Verhältnis Eltern-Kind zu erkennen und gemeinsam mit den Eltern abzubauen. Die Überprüfung sollte weniger als eine eingreifende Maßnahme verstanden werden, vielmehr sollte sie den Charakter von fachlicher Beratung und Unterstützung haben[134]. Im Idealfall kommt es zu einer Kooperation von „gleichberechtigten Partnern“[135]. Dieses setzt jedoch seitens der Jugendämter eine Einstellung voraus, nach der Pflegeeltern nicht als Untergebene angesehen werden.

So wichtig eine Unterstützung und Beratung für die gedeihliche Entwicklung des Pflegeverhältnisses auch sein mag, darf nicht vergessen werden, daß die Kontrollen durch das Jugendamt für die Familie auch einen Zwang darstellen. Diese muß sich dem Sozialarbeiter öffnen und die Eltern sind in der Erziehung des Kindes unfrei, da sie durch den Sozialarbeiter bei den Kontrollbesuchen bewertet werden. Die Pflegefamilie wird, wie Wiemann sagt[136], zu einer Kleinsteinrichtung des Jugendamtes. Gerade bei Dauerpflegeverhältnissen, bei denen die Kinder in starkem Maße schon in die Pflegefamilie integriert sind, kann dies einer weiteren Intensivierung der Beziehungen zu den Pflegeeltern im Wege stehen, da durch die Besuche des Sozialarbeiters sowohl Pflegeltern als auch das Pflegekind ständig an ihren Status als Pflegefamilie erinnert werden. Durch die Adoption fallen nach beendetem Adoptionsverfahren diese Kontrollen weg. Die psychologischen Eltern und das Kind können sich nun in ihr Privatleben zurückziehen. Bei einigen Dauerpflegeverhältnissen kann dies sich durchaus positiv auswirken.

## II. Grenzen der Pflegekinderadoption

Die Adoption ist zwar ein mögliches Mittel, die in Kapitel 1 B und C aufgezeigte Konfliktsituation für die Pflegeeltern und das Kind zu lösen. Nicht für jedes Pflegeverhältnis wird eine solche jedoch in Betracht kommen. In vielen Fällen wird eine Adoption von den Beteiligten gar nicht erwünscht sein oder es wird an den rechtlichen Voraussetzungen hierfür fehlen. Insbesondere bei nur für kürzere Zeit begründeten Pflegeverhältnissen werden die Pflegeltern nicht unbedingt erwägen, das Kind zu adoptieren.

---

[134] Frankf. Komm. zum KJHG § 44 Rz. 30.

[135] Zum Inhalt einer konstruktiven Zusammenarbeit zwischen Pflegeeltern und Sozialarbeiter vgl. Bowlby, S. 127.

[136] Wiemann, S. 10.

Um den möglichen Anwendungsbereich der Adoption als Mittel der rechtlichen Aufwertung des Pflegeverhältnisses näher zu bestimmen, sind die Grenzen herauszufinden, die diesem Institut im Pflegekinderbereich gesetzt sind.

## 1. Perspektive bzgl. einer möglichen Rückführung zu den leiblichen Eltern

Die Adoption stellt für alle Beteiligten eine endgültige Regelung ihrer Rechtsbeziehungen dar. Von einem Tag auf den anderen erlöschen sämtliche Verwandtschaftsverhältnisse zur Herkunftsfamilie und die Pflegeeltern werden auch in rechtlicher Hinsicht die Eltern des Kindes. Ist eine Adoption erfolgt, kann sie gem. § 1760 ff. nur noch wegen Verfahrens- und Willensmängel bei der Begründung des Annahmeverhältnisses aufgehoben werden. Sind solche nicht vorhanden, bleibt das Kind auch bei einem Scheitern seiner Beziehungen zu den Adoptiveltern, diesen rechtlich zugeordnet[117].

Durch einen solchen Schritt entfällt für immer die Möglichkeit einer Rückführung zu den leiblichen Eltern. Nach wohl unbestrittener Ansicht gewährleistet die Erziehung und Betreuung eines minderjährigen Kindes durch die leiblichen Eltern innerhalb einer harmonischen Gemeinschaft am ehesten seine gedeihliche Entwicklung[118]. Ist aus bestimmten Gründen ein Verbleiben in der leiblichen Familie nicht möglich, sollte eine Rückführung zumindestens bei Bestehen einer positiven Beziehung für das Kind bei der Inpflegegabe, so bald wie möglich wieder angestrebt werden.

Wo eine solche von Anfang an geplant und bereits absehbar ist, wie z. B. bei einem kürzeren Aufenthalt bei einer Pflegefamilie aufgrund einer zeitlich befristeten Freiheitsstrafe der Mutter, kommt eine Adoption grundsätzlich nicht in Betracht.

Der Schritt einer Adoption kann vielmehr erst dann ins Auge gefaßt werden, wenn eine klare Perspektive bzgl. eines endgültigen Verbleibens in der Pflegefamilie besteht. In erster Linie dürften dies die Fälle sein, bei denen zum Zeitpunkt der Adoption bereits eine Verbleibensanordnung nach § 1632 Abs. 4 ergangen ist oder zumindest dessen Voraussetzungen hier vorlagen und bei denen nicht zu erwarten ist, daß eine solche nach § 1696 wieder aufgehoben wird. Dies ist zumeist dann gegeben, wenn bei längerem Aufenthalt bei den Pflegeeltern diese für das Kind die wichtigsten Bindungspersonen geworden sind und ein Herausreißen aus diesen Bindungen dem Kind schweren Schaden zufügen würde[119]. Die Adoption bedeutet bei einer solchen Fallkonstellation oftmals nur eine Angleichung der rechtlichen Verhältnisse an das bereits tatsächlich schon bestehende Eltern-Kind-Verhältnis zwischen Pflegeeltern und Pflegekind.

---

[117] Frank, S. 247.

[118] BVerfG FamRZ 1989, S. 31, 33; BVerfGE 56, 363, 384; BVerfGE 24, S. 119, 150.

[119] MüKo-Hinz § 1632 Abs. 4 Rz. 26.

## 2. Milieuprägung und Deprivationssymptome

Ist ein älteres Kind in einer Pflegefamilie fremdplaziert worden, hat es oftmals schon sehr negative Erfahrungen mit seiner Umwelt gemacht.

Nicht selten ist es geschädigt durch das frühe Fehlen von beständiger elterlicher Zuwendung, oft sogar mißhandelt oder schwer vernachlässigt oder gestört durch frühere Heimaufenthalte oder häufige Wechsel der Pflegefamilie[140].

Für die Pflegeeltern bedeutet ein solches Kind oftmals eine schwere Belastung. Die Eingliederung in die Familie verlangt ihnen ein großes Maß an Geduld ab. Sie stehen vor der schwierigen Aufgabe, die Sozialisationsdefizite des Kindes aufzuarbeiten und dem zumeist durch das Herkunftsmilieu geprägten Kind die Wertvorstellungen ihrer Gesellschaftsschicht vermitteln zu müssen[141]. Nicht immer gelingt ein solcher Prozeß, nicht selten endet er sogar mit einem Abbruch des Pflegeverhältnisses.

Aufgrund der starken Belastungen und Probleme im Zusammenhang mit der Integration dürfte in vielen Pflegeverhältnissen kein Eltern-Kind-Verhältnis i. S. von § 1741 BGB vorhanden und auch in Zukunft nicht zu erwarten sein.

Bei vielen Pflegeeltern dürfte auch die Bereitschaft fehlen, für ein solches Kind die volle elterliche Verantwortung zu übernehmen[142]. Ist eine Adoption erst einmal erfolgt, bleiben die Adoptiveltern auch bei einem Scheitern der Beziehungen die Eltern des Kindes mit allen rechtlichen Konsequenzen, wie z. B. der Unterhaltspflicht, die gerade bei einem behinderten Kind sehr hoch sein kann. Ein solcher folgenschwerer Schritt, der für die Pflegeeltern mit großen Risiken behaftet ist, setzt ein großes Maß an Liebe und Opferbereitschaft voraus, die diese nicht in jedem Fall aufbringen werden. Insbesondere für das schwer milieugeschädigte Kind bedeutet dies wohl in vielen Fällen, daß es auf Dauer ein Klient der Jugendhilfe bleibt.

## 3. Die Bindungen des Kindes an die leiblichen Eltern

Folge der Adoption und dem damit verbundenen Erlöschen der Rechtsbeziehungen zur Herkunftsfamilie

dürfte in vielen Fällen ein Kontaktabbruch zu den leiblichen Eltern sein. Diesen steht nach der Adoption kein Besuchsrecht mehr zu. Wünschen die Adoptiveltern keinen Kontakt des Kindes zu ihnen, haben sie keine Möglichkeit mehr, einen Umgang mit ihm zu erzwingen[143].

Darüber hinaus kommt der Adoption eine starke Symbolkraft zu[144]. Das rechtliche Ausscheiden aus der Elternstellung dürfte bei manchen leiblichen

---

[140] Siehe Kapitel 1 C I 3.

[141] Siehe Kapitel 1 C II 3.

[142] Baer, FamRZ 1982, S. 221, 222.

[143] Staudinger-Frank § 1755 Rz. 7.

[144] Frank, S. 80.

Eltern bewirken, daß sie sich auch emotional nicht mehr als die Eltern des Kindes fühlen.

Ein Kontaktabbruch zu den Herkunftseltern kann sich auf die Entwicklung des Kindes sehr negativ auswirken, vorausgesetzt, daß überhaupt eine emotionale Bindung zu ihnen bestand.

Da die Wirkungen eines Kontaktabbruches bei früh- und spätfremdplazierten Kindern sehr unterschiedlich sein können, sollen diese in der Darstellung getrennt behandelt werden.

### a. Die Problematik eines Kontaktabbruches bei frühfremdplazierten Kindern

Wird das Pflegekind in sehr jungem Alter in einer Pflegefamilie untergebracht, werden die Pflegeeltern durch die ständige Interaktion die psychologischen Eltern des Kindes. Bei sehr früher Trennung von den leiblichen Eltern hat das Kind zu diesen noch keine differenzierten Beziehungen entwickelt[145]. In einem solchen Fall ist es erfahrungsgemäß unwahrscheinlich, daß leibliche Eltern überhaupt die Motivation für die zum Aufbau einer Bindung notwendigen intensiven und beständigen Besuchskontakte aufbringen[146]. Selbst wenn intensive Besuchskontakte stattfinden, wird das Kind wohl die Pflegeeltern als die Hauptbindungspersonen ansehen[147], da sie es sind, die sein tagtägliches Bedürfnis nach Liebe und Zuwendung erfüllen. Erfolgt hier ein Kontaktabbruch zu den leiblichen Eltern, wird das Trennungserlebnis in den meisten Fällen keine bleibenden Folgen auslösen, da selbst bei Vorliegen einer Bindung zu den leiblichen Eltern aufgrund von Besuchskontakten, das Kind durch die beständige Beziehung zu seinen Hauptbindungspersonen – den Pflegeeltern – über den Verlust hinweggetröstet werden dürfte[148].

Bei frühfremdplazierten Kindern ist deshalb eine Adoption zumeist bedenkenlos möglich.

### b. Die Problematik eines Kontaktabbruches bei spätfremdplazierten Kindern

Werden ältere Kinder in einer Pflegefamilie fremdplaziert, haben sie in vielen Fällen schon eine Zeit lang in ihrer Herkunftsfamilie gelebt. Bestand eine starke emotionale Bindung zu den Herkunftseltern, reagiert das Kind auf die Trennung und Fremdplazierung mit heftigem Schmerz[149]. Folge eines solchen Ereignisses können als Deprivationen bezeichnete Störungen in der Entwick-

---

[145] Siehe Kapitel C I 3.

[146] Permien, in: Handbuch Beratung im Pflegekinderbereich, S. 259.

[147] Ebd.

[148] Vgl. hierzu Gudat, in: Handbuch Beratung im Pflegekinderbereich, S. 32.

[149] Siehe Kapitel 1 C I 3.

lung des Kindes sein. Wiederholen sich Trennungen, kann dies zu einer Herabsetzung der Bindungsfähigkeit führen[150].

Ist aus bestimmten Gründen ein Verbleiben bei der leiblichen Familie nicht möglich, sind neben der Notwendigkeit dem Kind eine Ersatzperson zur Verfügung zu stellen, günstige Bedingungen für eine Trauer zu schaffen[151]. Hierzu ist erforderlich, daß das Kind möglichst andere Beziehungen beibehalten kann[152]. Bestand bei der Fremdplazierung eine positive Bindung zu den leiblichen Eltern, sollten diese durch intensive Besuchskontakte weiterhin ihre Bindungen zum Kind aufrechterhalten. Eine Trennung wird hierdurch erträglicher, da das Kind glaubt, seine Eltern noch nicht endgültig verloren zu haben.

Des weiteren kann eine durch Besuchskontakte aufrechterhaltene Beziehung zu den leiblichen Eltern bewirken, daß das Pflegekind von diesen ein realistisches Bild behält. Bei vielen Pflege- und Adoptivkindern, die die leiblichen Eltern nur noch in ihrer Phantasie erleben, ist ein verzerrtes Elternbild zu beobachten. Entweder das Kind, das Zuwendung und Ablehnung durch die Pflegeeltern erfährt, idealisiert die leiblichen Eltern oder es besteht ein betont negatives Elternbild, das durch laufende kritische Bemerkungen der Pflegemütter produziert wird[153]. Eine solche Verzerrung des Elternbildes kann beim Kind zu schweren neurotischen Störungen führen[154]. Werden Beziehungen aufrechterhalten, wird das Kind in die Lage versetzt, sich mit seinen realen Herkunftseltern und deren Fehlern und Vorzügen auseinanderzusetzen anstatt sich an Phantasiegestalten zu klammern[155]. Vor einer Adoption des Pflegekindes ist deshalb die Qualität der Bindung zur Ausgangsfamilie zu untersuchen. Sind positive Beziehungen vorhanden, die in Besuchskontakten ihren Ausdruck finden, sollten diese möglichst erhalten bleiben. Der Schritt einer Adoption ist in einem solchen Fall sehr gründlich zu überlegen. Da die Pflegeeltern durch eine Adoption in vollem Umfang das Elternrecht erhalten, können sie jederzeit Kontakte zur Herkunftsfamilie untersagen.

Bestand zwischen den Pflegeeltern und den leiblichen Eltern bereits vor der Adoption ein schlechtes Verhältnis, so ist die Untersagung weiterer Kontakte nach einer Adoption von vornherein abzusehen.

Bestand zum Zeitpunkt der Adoption ein gutes, konstruktives Verhältnis und war eine Adoption von allen Beteiligten erwünscht, so können auch nach der Adoption im Einvernehmen mit den Adoptiveltern weiterhin persönliche Kontakte zwischen den Herkunftseltern und dem Kind aufrechterhalten werden (sogenannte offene Adoption)[156]. Generell besteht hier die Möglichkeit,

---

[150] Ebd.

[151] Gudat, in: Handbuch Beratung im Pflegekinderbereich, S. 34.

[152] Ebd.

[153] Dührssen, S. 48.

[154] Vgl. Ebertz, S. 31, insbesondere zum Familienroman der Neurotiker (Freud, gesammelte Werke, S. 227 ff) als Erklärungsmodel.

[155] Permien, S. 216.

[156] Siehe hierzu Textor, NDV, S. 105 ff.

einen Vertrag über Art und Häufigkeit von Kontakten zwischen Herkunftseltern und Kind abzuschließen[157]. Dieser darf gemäß § 1750 Abs. 2 jedoch nicht Bedingung zur Freigabe des Kindes sein oder Vertragsstrafen enthalten. Auch ist aufgrund des nicht disponiblen Elternrecht ein solcher jederzeit frei widerrufbar[158].

In rechtlicher Hinsicht nimmt die offene Adoption somit keine eigene Stellung ein[159]. Das Kind wird eheliches Kind der Adoptiveltern und diese können jederzeit den Herkunftseltern weitere Kontakte mit ihm untersagen. Somit besteht das Risiko, daß möglicherweise aufgrund eines Sinneswandels der Adoptiveltern auch hier ein Beziehungsabbruch des Kindes zur Herkunftsfamilie stattfindet. Eine solche Gefahr und die damit verbundenen negativen Konsequenzen für das Kind sind im jedem Einzelfall bei der Frage, ob die Adoption dem Wohl des Kindes entspricht, zu berücksichtigen. Unter Umständen kann sich hier ergeben, daß eine Adoption aufgrund eines drohenden Beziehungsabbruches zu unterbleiben hat.

### *4. Die Einwilligung der leiblichen Eltern in die Adoption*

Gemäß § 1747 ist für eine Adoption die Einwilligung der leiblichen Eltern erforderlich. Oftmals sind diese jedoch nicht bereit, eine solche zu erteilen[160]. In diesem Fall besteht die Möglichkeit, daß das Vormundschaftsgericht gemäß § 1748 die Einwilligung ersetzt. § 1748 setzt jedoch ein besonders schweres Versagen der leiblichen Eltern voraus[161], das in vielen Fällen nicht gegeben sein dürfte[162].

Auch wenn eine solche Pflichtverletzung vorliegt, bedeutet der Gang zum Vormundschaftsgericht für das Pflegeverhältnis eine schwere Belastung. Prozesse zur Einwilligungsersetzung sind oftmals langwierig und werden von den Beteiligten mit äußerster Heftigkeit ausgetragen. In dem Fall des Pflegekindes Johannes, auf den ich bei meinen Recherchen beim Senator für Jugend und Familie in Berlin stieß, vergingen 14 Jahre, bis über sein Schicksal endgültig entschieden war[163].

---

[157] Ebd., S. 110.

[158] Ebd.

[159] Roth, ZfJ 1986, S. 258.

[160] Zu den Motiven der leiblichen Eltern, die eine Einwilligung in die Adoption versagen siehe Kapitel 2.

[161] Zu den Ersetzungsvoraussetzungen im einzelnen siehe Staudinger-Frank § 1748 Rz. 11 ff.

[162] Siehe hierzu Kapitel 3, insbesondere zur Frage, ob § 1748 reformbedürftig ist.

[163] An späterer Stelle wird auf diesen Aspekt noch genauer eingegangen werden (vgl. Kapitel 4).

### 5. Der finanzielle Aspekt

Auch wenn alle rechtlichen Voraussetzungen für eine Adoption vorliegen und auch die grundsätzliche Bereitschaft der Pflegeeltern besteht, das Kind zu adoptieren, so wird manche Adoption jedoch aus finanziellen Gründen scheitern. Ab dem Zeitpunkt der Einwilligung in die Adoption werden die Pflegeeltern gemäß § 1751 Abs. 4 für das Kind unterhaltspflichtig und verlieren ihren Anspruch auf Pflege- bzw. Erziehungsgeld[164].

#### a. Höhe und Bedeutung des Pflege- bzw. Erziehungsgeldes

Gemäß § 39 Abs. 1 SGB VIII haben die Pflegeeltern einen Anspruch auf Zahlung des notwendigen Unterhalts für das Kind. Abzudecken ist der gesamte Lebensbedarf des Minderjährigen. Dieses umfaßt sowohl die Sachaufwendungen, wie Kosten für Ernährung, Kleidung, Unterkunft usw. („Pflegegeld")[165] als auch die Kosten der Erziehung, worunter ein an die Pflegeeltern zu ihrer freien Verfügung zu zahlender Betrag zu verstehen ist, der eine äußere Anerkennung für deren Leistungen bei der Erziehung und der Pflege des Kindes darstellt[166] („Erziehungsgeld").

Gemäß § 39 Abs. 4 SGB VIII werden die laufenden Leistungen durch einen monatlichen Pauschalbetrag abgegolten. Gemäß § 39 Abs. 5 SGB VIII wird dieser Pauschalbetrag durch die zuständige Landesbehörde festgesetzt. Aufgrund der landesrechtlichen Zuständigkeit fallen diese Pauschalbeträge in den verschiedenen Bundesländern unterschiedlich aus. Nach der Empfehlung des Deutschen Vereins[167] beträgt der zu leistende Pauschalbetrag:

| | Pflegegeld | Erziehungsgeld |
|---|---|---|
| für Kinder bis zum vollendeten 7. Lebensjahr | 628 DM | 300 DM |
| für Kinder vom 7. bis zum vollendeten 14. Lebensjahr | 719 DM | 300 DM |
| vom 14. bis zum vollendeten 18. Lebensjahr | 875 DM | 300 DM |

#### b. Sollte Pflege- bzw. Erziehungsgeld auch nach einer Adoption weitergezahlt werden ?

Durch die Adoption fallen die Zahlungen des Jugendamtes in Form des Pflege- bzw. Erziehungsgeldes weg. Die bisherigen Pflegeeltern müssen nun sämtliche

164 Staudinger-Frank § 1751 Rz. 35.
165 Frankf. Komm. zum KJHG § 39 Rz. 3/4.
166 Empfehlungen zum Pflegekinderwesen, Rz. 28.
167 NDV 1991, S. 1 ff.

entstehenden Kosten, wie etwa für die Ausbildung des Kindes, selbst übernehmen. Für viele Pflegeeltern stellt die Übernahme der Unterhaltspflicht eine starke Belastung dar, zumal Pflegekinder oftmals an Deprivationen[168] leiden und in solchen Fällen weitaus höhere Aufwendungen gemacht werden müssen als bei normal entwickelten Kindern. Pflegefamilien sind auch oftmals Familien mit mehreren eigenen Kindern, so daß sie nicht bereit sein werden, auch noch die finanzielle Verantwortung für ein weiteres Kind zu übernehmen[169]. Es sollte daher überlegt werden, ob man Adoptionen, die aus langjährigen Pflegeverhältnissen entstanden sind, nicht weiter die finanzielle Förderung zuteil werden läßt, die zuvor für das Pflegeverhältnis gewährt wurde[170]. Hierdurch schafft man zwar im Ergebnis eine „bezahlte Adoption", wovor in der Jugendhilfe oftmals gewarnt wurde[171]. Jedoch ist zu bedenken, daß die Jugendhilfe für die wesentlich kostspieligere Heimerziehung aufkommen müßte, würden die Pflegeeltern das Kind nicht erziehen. Im übrigen dürfte für das Wohl des Kindes eine bezahlte Adoption allemal besser sein, als der rechtlich unsichere Status als Pflegekind.

## E. Ergebnis

Im Ergebnis ist festzuhalten, daß zwar die Adoption einen wichtigen Beitrag leisten kann, um die rechtliche und tatsächliche Situation von Pflegekindern zu verbessern (s. Kapitel 1 D I). Das Pflegekind erhält durch sie die rechtliche Stellung eines ehelichen Kindes der Pflegeltern, wodurch der in Kapitel 1 B beschriebene Widerspruch zwischen rechtlichem und tatsächlichem Zustand beseitigt wird. Auch kann sie einen entscheidenden Beitrag leisten, die psychische Situation des Kindes entscheidend zu verbessern (s. Kapitel 1 D I).

Wie aber den Ausführungen dieses Kapitels zu entnehmen ist, stellt sie hierbei kein „Allheilmittel" dar. Vielmehr ist ihr Anwendungsbereich auf ganz bestimmte Fallkonstellationen beschränkt (s. Kapitel 1 D II). Das typische Pflegeverhältnis, das für eine Adoption in Betracht kommt, ist, wie aus Kapitel 1 C II hervorgeht, ein solches, bei dem keine differenzierten Beziehungen zu den leiblichen Eltern bestehen, ein Eltern-Kind-Verhältnis bereits entstanden oder ein solches zu erwarten ist und die leiblichen Eltern bereit und imstande sind, die hierdurch entstehenden finanziellen Belastungen zu tragen.

Sind diese Voraussetzungen erfüllt, was in vielen Fällen bereits schon nicht der Fall sein dürfte, muß zu einer Adoption noch die Einwilligung der leiblichen Eltern vorliegen. Oftmals wird es jedoch an deren Bereitschaft fehlen, einen solchen Schritt zu tun (zu deren Motivationen, eine Einwilligung nicht zu erteilen s. Kapitel 2 C), so daß nur die Möglichkeit verbleibt, die Einwilli-

---

[168] Siehe Kapitel 1 C I.

[169] Baer FamRZ 1982, S. 221, 222.

[170] Schwab, 54. DJT, Bd. I, A 134.

[171] Gross, S. 89.

gung durch das Vormundschaftsgericht unter den Voraussetzungen des § 1748 zu ersetzen, was aufgrund der recht hohen Anforderungen jedoch nicht immer gelingen dürfte.

Die in Kapitel B und C beschriebenen Probleme und Widersprüche im Zusammenhang mit der Inpflegegabe von Kindern lassen sich nach der derzeitigen Rechtslage mit Hilfe der bestehenden Instrumentarien nicht für jedes Pflegeverhältnis zufriedenstellend lösen. Vielmehr ist hier der Gesetzgeber gefragt, in Abstimmung mit den Regeln des Adoptionsrechts Lösungen zu schaffen, die die rechtliche und tatsächliche Situation von Pflegeeltern und Pflegekindern verbessern[172].

[172] Siehe hierzu die Vorschläge von Schwab, a.a.O., A 131.

# 2. Kapitel
# Die soziologischen Grundlagen der Adoption des Pflegekindes

## A. Statistische Daten und Tendenzen

### I. Statistische Daten zur Entwicklung der Pflegekindschaft

In den letzten 25 Jahren hat die Praxis der Jugendämter bei der Unterbringung von Minderjährigen außerhalb des Elternhauses eine vollständige Wandlung erfahren. Wurden noch 1969 bei familiären Notlagen in den meisten Fällen Kinder in Heimen untergebracht (93902 Kindern in Heimen standen 36896 Pflegekinder[1] gegenüber, was einem Verhältnis von knapp 3:1 entspricht), so ist man heute bemüht, soweit dies möglich und dem Wohl des Kindes förderlich ist, Kinder in solchen Fällen in Pflegefamilien zu plazieren (1992 befanden sich 39876 Kinder in Heimen und 39515 Kinder in Pflegefamilien[2], dies entspricht einem Verhältnis von 1:1). Diese Veränderung dürfte wohl überwiegend aus den neueren Erkenntnissen der Entwicklungspsychologie, der Kinderpsychiatrie und anderen Disziplinen herrühren, die dem Kind gelten. Man weiß heute besser als in früheren Zeiten, daß Kinder nicht vom „Brot allein" leben, daß es nicht ausreicht, wenn sie ernährt, gekleidet und gepflegt werden. Kinder haben über dies ein Bedürfnis nach Zuwendung, dem durch die Beziehung zu den leiblichen Eltern Rechnung getragen wird. Ist ein solches Eltern-Kind-Verhältnis zwischen leiblichen Eltern und Kind nicht vorhanden oder qualitativ unzureichend, so ist eine Unterbringung bei Pflegeeltern am ehesten imstande, die fehlende elterliche Zuwendung zu ersetzen und die Bedürfnisse des Kindes zu befriedigen.

Nach Erhebungen des Statistischen Bundesamtes ergibt sich für die außerhalb des Elternhauses untergebrachten Minderjährigen bezogen auf das frühere Bundesgebiet im einzelnen:

---

1 Statistisches Bundesamt, Statistik der Jugendhilfe, Teil I 4, Übersicht.

2 Statistisches Bundesamt, a.a.O.

| Jahr | fremdplaz. Minderj. insgesamt | in Heimen | in Pflegefamilien |
|---|---|---|---|
| 1969 | 141333 | 93902 | 36896 |
| 1970 | 143470 | 93807 | 39074 |
| 1971 | 139256 | 86987 | 42908 |
| 1972 | 143652 | 87176 | 48629 |
| 1973 | 149485 | 87209 | 55282 |
| 1974 | 146701 | 81825 | 60206 |
| 1975 | 142441 | 76208 | 63648 |
| 1976 | 143034 | 74129 | 66225 |
| 1977 | 143228 | 72232 | 68327 |
| 1978 | 138561 | 69768 | 66149 |
| 1979 | 135750 | 66505 | 66658 |
| 1980 | 133886 | 62207 | 69328 |
| 1981 | 126597 | 58766 | 65763 |
| 1982 | 106608 | 52699 | 51518 |
| 1983 | 104647 | 52311 | 49964 |
| 1984 | 97365 | 48205 | 47077 |
| 1985 | 94407 | 45558 | 45530 |
| 1986 | 91050 | 43845 | 43796 |
| 1987 | 88609 | 42310 | 42967 |
| 1988 | 88454 | 42108 | 42749 |
| 1989 | 87631 | 41638 | 42594 |
| 1990 | 87576 | 41825 | 42630 |
| 1991 | 86549 | 38908 | 37517 |
| 1992 | 90955 | 39876 | 39515 |

Die Abnahme der Gesamtzahl der außerhalb des Elternhauses untergebrachten Minderjährigen ist wohl auf einen Rückgang der Geburtsraten in den siebziger und achtziger Jahren zurückzuführen.

## II. Statistische Daten zur Adoption des Pflegekindes

Die Jugendhilfestatistik des Statistischen Bundesamtes macht keine Angaben darüber, wieviele Kinder von ihren Pflegeltern adoptiert wurden. Lediglich über die Unterbringung des Kindes vor der Adoption werden Angaben gemacht. Danach waren 1992 von 8403 Kindern 760 Kinder vor Beginn des Adoptionsverfahrens in einer Pflegefamilie untergebracht[3].

[3] Statistisches Bundesamt, Statistik der Jugendhilfe, Teil I 5, S. 8.

Aus dieser Zahl lassen sich jedoch keine genauen Rückschlüsse auf die Zahl der adoptierten Pflegekinder ableiten, da hierin auch die Anzahl derjenigen Kinder enthalten ist, die von fremden Adoptiveltern aus der Pflegefamilie heraus adoptiert werden. Fest steht so nur, daß die Zahl der adoptierten Pflegekinder im Jahr 1992 unter 760 lag.

Nach den Untersuchungen von Junker u.a. hat zumindestens jede zweite Pflegefamilie schon einmal mit dem Gedanken gespielt, das Kind zu adoptieren[4]. Das Stadtjugendamt Dortmund berichtet von jährlich 4 % der Adoptionen durch Pflegeltern (bezogen auf die „Bestände" von Pflegekindern)[5].

Diese Zahl deckt sich auch in etwa mit einer Schätzung des zuständigen Referatsleiters des Berliner Senators für Jugend und Familie, Herrn Widemann, der in einem Gespräch mit mir von 5 % der Pflegeverhältnisse ausging, die zur Adoption gelangen.

## B. Motive der Pflegeeltern für die Adoption des Kindes

Bei der Adoption eines Pflegekindes ist nicht der Wunsch das Kind anzunehmen das Primäre, sondern das Bestreben, die Lage eines Kindes, das schon seit längerer Zeit in der Pflegefamilie lebt, der eines eigenen ehelichen Kindes anzugleichen[6].

Pflegeeltern wollen durch den Schritt der Adoption, die zu dem Kind erwachsenen tatsächlichen Beziehungen auch in einem Rechtsverhältnis ausdrücken. Im Vordergrund dürfte hier der Wunsch stehen, durch die Adoption und die hierdurch bewirkte rechtliche Integration in die Familie, nach außen zu dokumentieren, daß das Pflegekind nun als eigenes Kind angesehen werde und diesem die mit der Rechtsstellung eines Familienkindes verbundenen Vorteile wie Erb- und Unterhaltsrecht zuteil werden zu lassen. Daneben dürfte von vielen Pflegeeltern auch der Zweck verfolgt werden, die in Kapitel 1 B und C beschriebene, unbefriedigende rechtliche und tatsächliche Situation durch eine „rechtliche Aufwertung" ihrer Beziehungen zu verbessern.

Aber auch „eigennützige" Motive sind in diesem Zusammenhang zu nennen. Pflegeeltern sind in ihrer Elternposition oftmals unsicher. Sie fühlen sich zwar dem Kind wie leibliche Eltern verantwortlich, sind aber häufig von Schuldgefühlen und Zweifeln getragen, ob sie diese dem Kind auch ersetzen können. Aus dieser Unsicherheit entspringt der Wunsch, die Elternrolle durch eine Adoption unter Beweis zu stellen, um hierdurch Zweifel und Schuldgefühle zu beseitigen.

---

[4] Junker u.a., S. 43.

[5] Stadt Dortmund 1976, S. 71.

[6] Glässing, S. 40.

## C. Motive der leiblichen Eltern, nicht in die Adoption einzuwilligen

Viele Adoptionen scheitern daran, daß die leiblichen Eltern ihre nach § 1747 erforderliche Einwilligung nicht erteilen. Obwohl oftmals das Pflegekind schon jahrelang in der Pflegefamilie lebt und zu den leiblichen Eltern oder der leiblichen Mutter nur noch ein loser oder gar kein Kontakt besteht, sind diese in vielen Fällen nicht bereit, ihre Einwilligung in eine Adoption zu erteilen.

Die Gründe hierfür sind sehr unterschiedlich:

- Teilweise ist den Eltern das Kind völlig gleichgültig, es hat sich für sie „erledigt". Diese Kategorie von Eltern bereitet den Jugendämtern wohl die größten Probleme. Sie ignorieren die Briefe des Jugendamtes und lehnen jedwede Zusammenarbeit ab. Hier bleibt oftmals nur die Möglichkeit die Einwilligung nach § 1748 durch Beschluß des Vormundschaftsgerichts zu ersetzen.
- Sehr problematisch sind auch die Fälle, in denen nach einem Sorgerechtsentzug das Kind in einer Pflegefamilie untergebracht worden ist, die leiblichen Eltern diese Maßnahme jedoch nicht einsehen wollen. Diese Eltern sind zumeist auch zu einer Einwilligung in eine Adoption nicht bereit. Auch hier besteht in der Mehrzahl der Fälle nur die Möglichkeit, von der Einwilligungsersetzung nach § 1748 Gebrauch zu machen.
- Für viele leibliche Eltern bedeutet die Einwilligung in die Adoption ein Schuldeingeständnis, als Eltern versagt zu haben. Um der Außenwelt gegenüber nicht als „schlechte Eltern" dazustehen, verweigern sie die Einwilligung in die Adoption und sind oftmals bereit, mit allen juristischen Mitteln um ihr Kind zu kämpfen. Es ist hier die Aufgabe der Jugendämter, Schuldgefühle bei den Eltern abzubauen und sie zu überzeugen, daß eine Adoption für die Entwicklung des Kindes möglicherweise die beste Lösung ist. Die Tatsache, daß die Einwilligung gemäß § 1750 Abs. 1 S. 2 notariell beurkundet werden muß, erleichtert die Situation hierbei nicht gerade. Das Ambiente einer Notariatspraxis wirkt auf die Eltern in den meisten Fällen abschreckend. Die Mitarbeiter der Jugendämter müssen deshalb den Gang zum Notar entsprechend vorbereiten, möglicherweise die Eltern begleiten oder den Notar in die Räumlichkeiten des Jugendamtes bestellen.
- Pflegekinder kommen meistens aus „Problemfamilien". Nicht selten sind die Eltern drogensüchtig oder psychisch krank oder haben keinen festen Wohnsitz. Oftmals sind sie deshalb nicht in der Lage, die Einwilligung zu erteilen bzw. kann ihr Aufenthalt nicht ermittelt werden. Eine Einwilligung in die Adoption ist hier gem. § 1747 Abs. 4 entbehrlich bzw. kann nach § 1748 Abs. 3 durch das Vormundschaftsgericht ersetzt werden.

# 3. Kapitel
# Das „Wohl des Kindes“ als Entscheidungsmaßstab für die Adoption des Pflegekindes durch die Pflegeeltern

## A. Allgemeines

Das „Wohl des Kindes“ ist das unbestrittene Leitprinzip des Adoptionsrechts.

Hiervon hängt es ab, ob die Annahme als Kind durch die vorgesehenen Adoptiveltern und somit auch die Adoption des Pflegekindes durch die Pflegeeltern zulässig ist.

Die nur schwer konkretisierbare Generalklausel[1] Kindeswohl durchzieht gleichsam wie ein roter Faden das gesamte Kindschaftsrecht (vgl. §§ 1627, 1634, 1666, 1671, 1672, 1696, 1723, 1727, 1741). Durch die universale und stereotyp wiederholte Bekenntnis zu diesem Rechtsbegriff werden jedoch allzu leicht die Schwierigkeiten verdeckt, denen sich die Rechtsordnung bei dem Versuch gegenübersteht, konkret zu formulieren, was hierunter zu verstehen ist[2]. Hinter dem einheitlichen geschlossenen Eindruck, den man angesichts des kodifizierten Kindschaftsrechts gewinnt, verbürgt sich vielmehr ein Amalgam von Konzeptionen[3]. Während bis zum Ende des 19. Jahrhunderts die Interpretation des Kindesinteresses als unantastbares Vorrecht der Eltern angesehen wurde – die Kindesinteressen konnten demnach nicht anders formuliert werden als es die Eltern taten –, nimmt der Staat nunmehr für sich in Anspruch zu bestimmen, was unter Kindesinteressen verstanden werden müsse[4]. Zwar bleibt die Erziehung ein von der Rechtsordnung respektiertes Privileg der Eltern und diesen wird auch zugestanden, daß sie die Interessen ihres Kindes am besten beurteilen könnnen[5], aber gerade im rechtlich relevanten Konfliktfall liegt die Beurteilung des Kindeswohls bei den Organen des Staates, d. h. vor allem bei dem zur Entscheidung berufenen Richter. Diesem kommt die Aufgabe zu, den unbestimmten Rechtsbegriff „Wohl des Kindes“ zu konkretisieren, um somit konkrete Lebenssachverhalte zur Entscheidung zu führen. Ein Vorgang, der in der Praxis nicht selten große Schwierigkeiten bereitet.

---

[1] Vgl. Staudinger-Frank § 1741 Rz. 13; Soergel-Liermann § 1741 Rz. 3; MüKo-Lüderitz § 1741 Rz. 7.

[2] Goldstein, Jenseits, S. 101.

[3] Ebd.

[4] Vgl. Münder RdJB 1981, S. 82 ff.

[5] Ossenbühl FamRZ 1977, S. 533, 534.

Im Gegensatz zu totalitären Systemen besteht in unserer Rechtsordnung über den Inhalt des Begriffes „Wohl des Kindes“ keine generelle Gewißheit[6]. Generelle Entwürfe menschlichen Seins und Sollens passen nicht in das Konzept freiheitlicher, pluralistischer Weltordnungen wie die der Bundesrepublik Deutschland[7]. Allenfalls wird darüber Einigkeit bestehen, daß bestimmte Persönlichkeitsmerkmale als schädlich anzusehen sind. Der entworfene Mensch, zu dessen Verwirklichung noch Strategien und Taktiken zu erstellen wären, ist vorerst nur schreckende Vision als bedrückende Realität und bisher nur in Utopien zu finden[8].

Eine Durchzeichnung des Begriffes „Wohl des Kindes“, mit dem dem Richter ein Instrumentarium zur Verfügung steht, um alle denkbaren Fallkonstellationen zu lösen, bei denen diesem Begriff Entscheidungsrelevanz zukommt, ist daher nicht möglich[9].

Vielmehr ist aus der jeweiligen Lebenssituation heraus, mit spezifischen Erwägungen und Kriterien auszufüllen.

Hierbei hat der Richter unter Berücksichtigung aller Umstände des Einzelfalles den maßgeblichen Tatbestand zu ermitteln und diesem ein korrespondierendes Wertesystem zuzuordnen[10]. Die Wertfindung und Wertentscheidung ist nicht aus dem persönlichen Wertempfinden des Richters heraus zu treffen, sondern hat sich vielmehr an allgemeinen Wertvorstellungen zu orientieren, liefe man sonst die Gefahr einer durch die eigene Erfahrung bestimmten, nicht voraussehbaren Entscheidung[11]. Als Orientierungshilfe stehen hierbei neben den von der Rechtsprechung zur Objektivierung von Wertentscheidungen herausgebildeten Maßstäbe und Anhaltspunkte, insbesondere die Erfahrungstatsachen einschlägiger Wissenschaften, die sich mit der Existenz des Kindes als ganzem beschäftigen wie z. B. der Pädagogik, Psychologie, Psychiatrie und Soziologie zur Verfügung[12]. Gerade diese zuletzt genannten Disziplinen können so viel fundiertes Auslegungsmaterial liefern, um eine in größerem Maße objektive Wertentscheidung treffen zu können. Insbesondere in den letzten 10 Jahren ist der Trend zu beobachten, daß Gerichte gelernt haben, dieses fachwissenschaftliche Auslegungsmaterial zu nutzen und der eigenen Lebenserfahrung zu mißtrauen[13].

Der Richter steht somit vor der schwierigen Aufgabe, aus dieser Flut von Erfahrungstatsachen und Maßstäben heraus das für den konkreten Fall

[6] Coester, S. 167; siehe auch zur Situation in der ehem. DDR S. 168 mit umfangreichen Nachweisen.

[7] Coester, S. 167.

[8] Gernhuber FamRZ 1973, S. 229, 331.

[9] Vgl. Kropholler JZ 1984, S. 164.

[10] Coester, S. 169.

[11] Boxdorfer RdJB 1972, S. 260, 261.

[12] Ebd.

[13] Vgl. Hinz ZBlJugR 1984, S. 529, 530.

„richtige" Wertesystem zu entwickeln und dieses auf den zu entscheidenden Sachverhalt anzuwenden.

Von der Legislative wird er hierbei weitgehend allein gelassen. Nur partiell finden sich im Gesetz Anhaltspunkte darüber, wie die Entscheidung zu erfolgen hat (wie z. B. § 1671 Abs. 2 2. Hs.) für das elterliche Sorgerecht nach der Scheidung).

Auch die juristische Fachliteratur leistet bei dieser Frage wenig Hilfestellung. Für den Bereich der Sorgerechtsverteilung nach der Scheidung hat die umfassende Arbeit von Coester Licht in die Dunkelheit gebracht. Die hier entwickelten Kriterien lassen sich jedoch nicht insgesamt bedenkenlos auf den Fall der Adoption und insbesondere auf die hier zu behandelnde Frage der Pflegekinderadoption übertragen. Die spezifische Problematik bei der Adoption des Pflegekindes durch seine Pflegeeltern, die durch die rechtliche Aufwertung einer faktischen Eltern – Kind – Beziehung gekennzeichnet ist, ist eine andere als bei der Sorgerechtsentscheidung nach der Scheidung, bei der es darum geht zu beurteilen, bei welchem (leiblichen) Elternteil die geistige und seelische Entwicklung des Kindes eher gewährleistet ist.

Für den in der Fachliteratur weitgehend noch unbehandelten Bereich der Adoption des Pflegekindes durch die Pflegeeltern gilt es daher, den Begriff des Kindeswohls näher zu konkretisieren. Hierbei soll nicht der Versuch einer umfassenden Durchleuchtung dieses Begriffes für den Adoptionsbereich und speziell für die Adoption des Pflegekindes durch die Pflegeeltern unternommen werden, wie Coester dies getan hat für die Sorgerechtregelung nach der Scheidung. Ein solches Anliegen dürfte wohl den Rahmen dieser Arbeit sprengen. Vielmehr sollen an dieser Stelle Kriterien entwickelt werden, die dem Praktiker den Umgang mit dem Entscheidungsmaßstab Kindeswohl für den hier relevanten Bereich erleichtern.

Vor allzu hohen Erwartungen an die Regelungswirkung solcher Kriterien muß allerdings gewarnt werden. Solche können keinen Anspruch auf Allgemeingültigkeit erheben. Deren Gewichtung und Umsetzung auf den Einzelfall kann und muß weiterhin beim Richter verbleiben. Eine generelle Rangordnung läßt sich hier nicht aufstellen[14] und ist letztlich vom Einzelfall abhängig. Die Entwicklung derartiger Kriterien verfolgt nur den Zweck dem zur Entscheidung Berufenen eine Orientierungshilfe zu geben. Die Letztentscheidung kann und darf diesem jedoch in einem pluralistischen Staat nicht abgenommen werden.

[14] Kropholler JZ 1984, S. 164, 165.

## B. Konkretisierung des Begriffes „Wohl des Kindes“ für den Fall der Adoption des Kindes durch seine Pflegeeltern

### I. Aus der Rechtsordnung abgeleitete Kriterien

#### *1. sytematische Auslegung*

Rechtsvorschriften und Rechtsbegriffe erhalten als Teile einer einheitlichen Rechtsordnung ihren Inhalt und ihren Sinn oftmals erst aus dem Bedeutungszusammenhang zu anderen Vorschriften[15]. Vor der eigentlichen Wertfindung und Wertentscheidung, u. U. durch Heranziehung fachfremder Wissenschaften, sollte versucht werden, durch die in der juristischen Hermeneutik vornehmlich gebrauchte Methode der systematischen Auslegung den unbestimmten Rechtsbegriff des Kindeswohls näher zu bestimmen.

Hierzu kann zunächst auf § 1666 zurückgegriffen werden. Auch hier ist das Kindeswohl der entscheidende Maßstab; dieses ist jedoch durch weitere Attribute näher umschrieben. Aus diesen weiteren Attributen zum Begriff Kindeswohl kann entnommen werden, daß es generell, auch in dem hier zu beurteilenden Zusammenhang, sowohl das geistige als auch das körperliche Wohl umfassen soll[16]. Nennt das Gesetz denselben Begriff an mehreren Stellen, regelt es diesen jedoch an einer Stelle deutlicher, so spricht dies dafür, ihn auch in diesem Sinne zu verstehen[17].

Desweiteren kann im Rahmen der systematischen Auslegung auf das gesamte deutsche Rechtssystem und hier insbesondere auf die Verfassung zurückgegriffen werden.

In Art. 6 des Grundgesetzes finden sich hierbei Wertaussagen, die das gesamte Familienrecht inhaltlich bestimmen. Eine gewisse Bedeutungsausfüllung erlangt in diesem Zusammenhang der Begriff „Wohl des Kindes“ durch Art. 6 Abs. 2 GG[18]. Denn Pflege im Sinne von Art. 6 Abs. 2 GG bedeutet soviel wie „Sorge für die körperliche Existenz und für eine angemessene geistige und seelische Entwicklung“[19]. Unter Erziehung ist „die Gesamtheit der seelisch – geistigen Einwirkungen“ zu verstehen, „die auf das Kind bewußt und absichtlich ausgeübt werden, um die vorhandene Begabung zu entfalten und zu entwickeln sowie den jungen Menschen nach den Auffassungen und Wertmaßstäben der Eltern und sonstigen Erziehungsberechtigten zur vollwertigen Persönlichkeit und zum lebenstüchtigen Glied der Gemeinschaft zu formen“[20].

---

[15] Larenz, S. 310 ff.; Schmalz, S. 107.
[16] Vgl. Boxdorfer, a.a.O., S. 260.
[17] Vgl. Schmalz, S. 108.
[18] Boxdorfer, a.a.O., S. 260.
[19] Peters, S. 381.
[20] Ebd.

Unter „Wohl des Kindes“ ist somit – auch für den hier zu beurteilenden Bereich, der Adoption des Pflegekindes durch seine Pflegeeltern – nach einer systematischen Auslegung ein Zustand zu verstehen, „bei dem die leibliche Existenz sowie eine angemessene geistige und seelische Entwicklung des Kindes zugleich im Sinne einer vollwertigen Persönlichkeit und zu einem lebenstüchtigen Glied der Gemeinschaft gewährleistet ist“[21]. Diese Begriffserfassung kann zwar nicht für sich beanspruchen, eine exakte positive Bestimmung dessen zu liefern, was in dem hier relevanten Zusammenhang mit Kindeswohl gemeint ist. Jedoch dürfte sie dazu beitragen, dem Richter bei der konkreten Fallösung die Subsumtion zu erleichtern.

## *2. Bestimmung des Kindeswohlbegriffes mit Hilfe von „Erziehungszielen“ des Grundgesetzes*

Bei Versuchen den Kindeswohlbegriff zu erfassen, werden vielfach aus der Verfassung abgeleitete Erziehungsziele herangezogen. Die Formulierung solcher Zielvorgaben und deren Umsetzung sind in der Bundesrepublik jedoch nicht unumstritten[22].

Anders als in totalitären Staaten wie der ehemaligen DDR, in denen bei der Persönlichkeitsbildung eines jungen Menschen nichts dem Zufall überlassen blieb, ist „für eine staatlich gelenkte Erziehung“, „in einer Gesellschaftsordnung, die – wie in der Bundesrepublik Deutschland – durch eine freiheitlich – demokratische Grundordnung geprägt ist, kein Raum“[23].

Diese Einstellung dürfte nirgends ernstlich bezweifelt werden und hat zu einer starken Zurückhaltung in der Literatur und der Rechtsprechung geführt, sobald Erziehungsfragen bei der Lösung konkreter Sachverhalte eine Rolle spielen.

Auf der anderen Seite ist unbestritten, daß die hinter den Grundrechten stehende objektive Werteordnung für den Bereich der Familie auch Wertaussagen enthält[24]. Deren Formulierung kann nicht gegen die Verfassung verstoßen, solange sie lediglich eine Umsetzung grundrechtlicher Werte bedeutet. Als solche werden für den Bereich der Erziehung des Kindes durch die Eltern insbesondere der Grundsatz einer Erziehung hin zur Selbständigkeit und Selbstverantwortlichkeit genannt, die sich aus Art. 1 und 2 GG ableitet[25]. Ob diese aus der Verfassung abgeleiteten Grundaussagen nun als Erziehungsziele[26] oder zurückhaltender als bloße formale Grundsätze[27] bezeichnet werden, ist in

[21] Boxdorfer, a.a.O., S. 260.

[22] Vgl. Gernhuber FamRZ 1973, S. 229, 233; Lüderitz AcP 178 (1978), S. 263, 274; Zenz ACP 173 (1973), S. 527, 541.

[23] BVerwG FamRZ 1977, S. 541, 542.

[24] Vgl. Coester, S. 184 m.w.N.

[25] Erichsen, S. 35.

[26] So Coester, S. 183 ff.

[27] So Gernhuber FamRZ 1973, S. 229, S. 233.

dem hier zu behandelnden Zusammenhang unerheblich. Einigkeit besteht nämlich darüber, daß sie zur Konkretisierung des unbestimmten Rechtsbegriffes Kindeswohl heranzuziehen sind[28]. Aus Gründen der Vereinfachung und Vereinheitlichung der Terminologie werden diese in der weiteren Bearbeitung als „Erziehungsziele“ bezeichnet, womit jedoch nicht ausgesagt werden soll, daß der Verfasser sich hierdurch bereits einer bestimmten Meinung anschließt.

### a. Ableitung von „Erziehungszielen“ aus dem Menschenbild des Grundgesetzes

Nach dem Wortlaut des Grundgesetzes sind Pflege und Erziehung das natürliche Recht der Eltern und die ihnen zuförderst obliegende Pflicht. Wenn den Eltern auch kein bestimmter Stil vorgeschrieben ist, wie sie ihr Erziehungsrecht in die Tat umzusetzen haben, so empfängt dieses jedoch aus den Wertaussagen, die in den Grundrechtsnormen zum Ausdruck kommen, bestimmte Impulse. Familiäre Pflege und Erziehung haben sich an jener Vielfalt von Möglichkeiten auszurichten, die für die leibliche und persönliche Entwicklung des Menschen im Grundgesetz eröffnet sind[29]. Die in den Grundrechten enthaltende objektive Wertordnung wird dergestalt zum „Ziel“ elterlicher Erziehung und das „Menschenbild des Grundgesetzes“ zur Rahmenvorgabe elterlicher Erziehung[30]. Im Gegensatz zu totalitären Staaten wie der ehemaligen DDR liefert das Grundgesetz kein detailliert vorgezeichnetes Konzept menschlichen Seins und Sollens. Vielmehr steht hier die freie Entfaltung der Persönlichkeit innerhalb der sozialen Gemeinschaft im Sinne von Art. 2 I und 1 I GG im Vordergrund, durch die der Einzelne in die Lage versetzt werden soll, sein Leben in Eigenverantwortung zu meistern[31]. Ausgehend von diesem „Menschenbild des GG“ haben Eltern ihre Kinder so zu erziehen, daß sie am Ende des elterlichen Erziehungsprozesses in der Lage sind, die sich aus den Grundrechten eröffneten Freiheiten und Möglichkeiten der Lebensgestaltung wahrzunehmen[32]. Als häufigstes „Erziehungsziel“ wird deshalb die Verpflichtung der Eltern zur Heranziehung des Kindes zu einer eigenverantwortlichen, selbständigen Persönlichkeit genannt[33].

Allerdings ist in diesem Zusammenhang auch die Stellung des Menschen in der Gemeinschaft zu berücksichtigen. Der Mensch ist, wie Aristoteles bereits feststellte, ein auf die Gemeinschaft ausgerichtetes Wesen. Die Gemeinschaft wiederum hat ein Interesse an gemeinschaftserhaltenden und fördernden Mitgliedern. Dieses entspricht auch dem „Menschenbild des Grundgesetzes“, das

[28] Vgl. Staudinger-Coester § 1666 Rz. 5.

[29] Erichsen, S. 40.

[30] Ebd.

[31] BVerfGE 56, S. 363, 384; 24, S. 119, 144; 7, S. 198, 205.

[32] Erichsen, S. 41, vgl. auch Diederichsen, FamRZ 1978, S. 461, 462; Geiger, FamRZ 1979, S. 457, 460.

[33] Coester, S. 189.

nach BVerfG „nicht das des selbstherrlichen Individuums, sondern das der in der Gemeinschaft stehenden und ihr verpflichteten Persönlichkeit"[34] ist. Hieraus ergibt sich die Notwendigkeit einer gewissen Fähigkeit zur Anpassung und zur sozialen Koexistenz. Auch diese Fähigkeiten haben Eltern bei der Erziehung ihren Kindern zu vermitteln[35].

Im Ergebnis ist somit festzuhalten, daß aus der objektiven Wertordnung des Grundgesetzes das „Ziel" der Heranziehung des Kindes zu einer selbständigen und eigenverantwortlichen Persönlichkeit abgeleitet werden kann. Hierbei haben die Eltern jedoch auch in einem freiheitlich demokratischen System die Gemeinschaftsfähigkeit des Kindes zu beachten und es zur Anpassung und sozialen Koexistenz zu erziehen.

#### *b. Folgerungen für den Begriff „Kindeswohl" als Entscheidungsmaßstab für die Adoption des Pflegekindes durch die Pflegeeltern*

Diese zuvor dargestellten aus der objektiven Wertordnung des Grundgesetzes gewonnenen „Erziehungsziele" sind bei der Anwendung einfachen Rechts zu beachten. Insbesondere unbestimmte Rechtsbegriffe sind so auszulegen, daß deren Aussagegehalt weitgehend verwirklicht wird.

Unter Kindeswohl ist mithin ein Zustand zu verstehen, bei dem eine Erziehung in dem dargestellten Sinne gewährleistet ist.

Im Zusammenhang mit der hier relevanten Problematik – der Frage, ob die Adoption des Pflegekindes durch die Pflegeeltern dem Kindeswohl entspricht – hat der Richter somit als eines von mehreren Entscheidungskriterien zu berücksichtigen, ob die Pflegeeltern dem Kind eine Erziehung hin zu einer selbständigen und eigenverantwortlichen Persönlichkeit geben können, die die Fähigkeit zur Anpassung und sozialen Koexistenz besitzt.

### *3. Kindeswohl – Grundsätze der Rechtsprechung*

#### *a. Allgemeines zur Ableitung von Kindeswohl – Grundsätzen aus der Rechtsprechung*

Neben den Wertmaßstäben, die sich aus der umgebenden Rechtsordnung, insbesondere aus der Verfassung ableiten, können auch aus der Rechtsprechung bestimmte Grundsätze für die Konkretisierung des Kindeswohlbegriffes gewonnen werden. Von ihr sind insbesondere zur Ausfüllung außerrechtlicher Aspekte des Kindeswohls Kriterien entwickelt worden, die mitterweile als feststehende Rechtssprechungsgrundsätze Anerkennung finden und von den Gerichten ohne nähere Überprüfung angewendet werden[36]. Derartige Grundsätze finden sich in allen Systembereichen des Familienrechts, teilweise bean-

---

[34] BVerfGE 12, S. 45, 51.
[35] Vgl. Coester, S. 190.
[36] Vgl. Coester, S. 439.

sprüchen sie nur für einen konkreten Regelungsgegenstand Anwendung, teilweise besitzen sie jedoch schon fast Allgemeingültigkeit, wie der das gesamte Kindschaftsrecht durchziehende Grundsatz der Kontinuität kindlicher Bindungen.

Die Orientierung an solchen Grundsätzen bietet sich aus praktischen Gesichtspunkten besonders an. Im Gegensatz zu Allgemeinüberzeugungen sind sie für den Richter durch Vergleich mit Urteilen objektiv feststellbar und auch bei kleineren Gerichten ohne weiteres zugänglich, während fachwissenschaftliche Literatur oftmals nicht in ausreichendem Maße vorhanden ist[37]. Auch ist zu bemerken, daß das „Bild des allumfassend gebildeten Familienrichters“[38] in der Realität oftmals nicht vorhanden und eine originäre Ableitung von Wertaussagen fachfremder Wissenschaften in der Praxis vielfach nicht stattfinden dürfte. Trotz heftiger Kritik einschlägiger Wissenschaften, die sich mit der Existenz des Kindes beschäftigen – so wird der Vorwurf der „Trivialpsychologie“ und des „vorwissenschaftlichen Sprachgebrauchs“ erhoben[39] – kommt den Kindeswohlkriterien der Rechtsprechung ein großes Maß an „Richtigkeitsgewähr“ zu. Vertreter fachfremder Disziplinen sind jeder für sich nur Experten für einen Teilaspekt des Kindeswohls. Der Richter hat jedoch die Aufgabe der Integration aller Aspekte zu einem entscheidungstragenden Gesamtbild. Seine besondere Leistungsstärke liegt in den Erfahrungen begründet, die er speziell bei der Ermittlung komplizierter Lebenssachverhalte, ihrer Darstellung und Analyse in sonstigen Prozessen erworben und bewiesen hat[40]. Durch den „Disziplinierungseffekt“[41] eines kritischen Forums anderer Richter und Juristen, der deutlich höher sein dürfte als bei fachwissenschaftlicher und anderweitiger Maßstabsbildung, wird eine ständige Kontrolle und Anpassung der richterlichen Entscheidungsfindung an veränderte gesellschaftliche Anschauungen und fachwissenschaftliche Erkenntnisse gewährleistet. Aufgrund des hohen Maßes inhaltlicher „Richtigkeit“ und ihrer Praktikabilität stellen die von der Rechtsprechung entwickelten Kindeswohlkriterien für den zur Entscheidung berufenen Praktiker eine wichtige Orientierungshilfe dar.

Es gilt daher die für den vorliegenden Bereich – der Adoption des Pflegekindes durch seine Pflegeeltern – relevanten Kindeswohlkriterien zu bestimmen.

---

[37] Ebd.

[38] Giesen, JZ 1981, S. 817.

[39] So Simitis, S. 291 ff.

[40] Müller-Freienfels, S. 150.

[41] Vgl. Coester, S. 443.

### b. Die für den Bereich der Adoption des Pflegekindes relevanten Kindeswohl – Grundsätze der Rechtsprechung

#### aa. Kontinuitätsgrundsatz

Die gedeihliche Entwicklung eines Kindes beruht auf dauernden Gefühlsbindungen, dauernden Umwelteinflüssen und stabilen äußeren Verhältnissen[42]. Fehlt es an der Kontinuität einer emotionalen Beziehung, gerät die Entwicklung auf Abwege. Das Kind erleidet im schlimmsten Fall Retardierungen auf geistigem, körperlichem und psychosozialem Gebiet[43]. In den letzten Jahrzehnten fand diese psychologische Erkenntnis der Kontinuität kindlicher Beziehungen zunehmende Beachtung in der Rechtsprechung[44]. Heute ist dieser, von der Rechtsprechung rezipierte Grundsatz seit dem SorgerRG vom 18. 7. 1979 positives Recht.

In § 1671 Abs. 2 2. HS und Abs. 4 S. 1 hat er im Scheidungsrecht Hervorhebung gefunden.

Im Bereich der Pflegekindschaft kommt ihm im Zusammenhang mit einem Herausgabeverlangen der leiblichen Eltern besondere Bedeutung zu. Nachdem man in zunehmendem Maße erkannte, daß ein plötzlicher Abbruch einer gewachsenen Beziehung zu den Pflegeeltern zu schweren Nachteilen für das Kind führen kann, wurde durch das SorgeRG § 1632 Abs. 4 in das BGB eingeführt[45]. Dieser trägt dem Kontinuitätsgrundsatz dadurch Rechnung, daß einem Rückführungsverlangen nicht entsprochen werden kann, wenn die Gefahr besteht, daß der unvermittelte Umgebungswechsel das Kind aus gewachsenen Beziehungen herausreißt und es einer inneren und äußeren Entwurzelung anheimstellt[46]. Für den Bereich der Adoption des Pflegekindes durch die Pflegeeltern ergeben sich aus dem Kontinuitätsgrundsatz zwei Aussagen:

Zum einen gilt es bei Bestehen einer gewachsenen Beziehung zu den Pflegeeltern, diese aufrechtzuerhalten. Hierzu kann die Adoption einen wesentlichen Beitrag leisten, da das Pflegekind durch sie dauerhaft rechtlich mit den Pflegeeltern verbunden ist[47].

Zum anderen gilt es auch die Kontinuität einer eventuell noch bestehenden Beziehung zu den leiblichen Eltern zu wahren. Droht durch eine Adoption ein Abbruch dieser Beziehung, so spricht dies gegen eine Adoption[48].

Bei der Prüfung, ob die Adoption dem Kindeswohl entspricht, muß der Richter diese beiden Gesichtspunkte berücksichtigen und gegeneinander abwägen. Erst wenn feststeht, daß die Vorteile eines dauerhaft abgesichertem

---

[42] Goldstein, Jenseits, S. 33.

[43] Vgl. Kapitel 1 C I 3.

[44] Siehe hierzu insbesondere die Rechtsprechung zur Regelung der elterlichen Sorge nach der Scheidung bei Palandt, § 1671 Rz. 15.

[45] In Kraft getreten am 1. 1. 1980, zur Entstehung siehe Salgo, Pflegekindschaft und Staatsintervention, S. 71 ff.

[46] Vgl. BayObLG FamRZ 1984, S. 932, 933.

[47] Vgl. Kapitel 1 D I 3.

[48] Vgl. Kapitel 1 D II 3.

Verbleibs in der Pflegefamilie die Nachteile eines Beziehungsabbruches zur leiblichen Familie überwiegen, kann in der Regel davon ausgegangen werden, daß die Adoption dem Kindeswohl dient.

### bb. Grundsatz der „besseren" Erziehung und Betreuung durch die leiblichen Eltern bei Bestehen einer harmonischen Beziehung

Obwohl das faktische Eltern-Kind-Verhältnis zwischen Pflegeeltern und Pflegekind in den letzten 20 Jahren, vornehmlich durch die Auseinandersetzung mit den Erfahrungstatsachen einschlägiger Wissenschaften, eine zunehmende Anerkennnung und wesentliche rechtliche Aufwertung erfahren hat, geht das BVerfG im Konfliktfall zwischen Pflegeeltern und leiblichen Eltern zugunsten der leiblichen Eltern davon aus, daß „die Erziehung und Betreuung eines minderjährigen Kindes durch (leiblichen) Vater und Mutter innerhalb einer harmonischen Gemeinschaft" am ehesten dessen gedeihliche Entwicklung gewährleistet[49]. Hierbei nimmt es Bezug auf seine bisherige Rechtsprechung zur Verfassungsmäßigkeit der Sorgerechtsregelung für ein nichteheliches Kind[50] und seine Rechtsprechung zur Verfassungsmäßigkeit des § 1747 Abs. 3 a. F.[51]

Diese mittlerweile bereits zu einem feststehenden Rechtsprechungsgrundsatz gewordene Anschauung dürfte wohl in besonderem Maße die Rechtsprechung der Instanzgerichte geprägt haben.

Trotz der Bedeutung dieses Satzes macht das BVerfG jedoch keine Anstalten, ihn zu begründen. In der Formulierung seiner ersten Entscheidung in diesem Zusammenhang klingt ein Stück naturrechtlicher Aussagegehalt an, indem das Gericht davon ausgeht, daß „diejenigen, die dem Kind das Leben geben, von Natur aus bereit und berufen sind, die Verantwortung für seine Pflege und Erziehung zu übernehmen"[52].

Im Ergebnis dürfte er jedoch – zumindest in der Formulierung der letzten Entscheidung – auch bei Vertretern einschlägiger Wissenschaften kaum ernsthaft umstritten sein; man denke hier nur an die in Kapitel 1 C beschriebenen, auch bei Bestehen einer harmonischen Beziehung vorliegenden Schwierigkeiten zwischen Pflegeeltern und Pflegekind wie Identitätsprobleme in der Pubertät.

Für das Pflegeverhältnis läßt sich aus diesem Grundsatz ableiten, daß bei Bestehen einer harmonischen Beziehung zu den Pflegeeltern bei der Inpflegegabe, eine Rückführung so bald wie möglich angestrebt werden sollte. Dem Kindeswohl dürfte die Adoption des Pflegekindes erst entsprechen, wenn eine klare Perspektive bzgl. eines dauerhaften Verbleibs in der Pflegefamilie besteht[53].

---

[49] BVerfG FamRZ 1989, S. 31, 33.
[50] BVerfGE 56, S. 363, 384.
[51] BVerfGE 24, S. 119, 150.
[52] BVerfGE 24, S. 119, 150; vgl. hierzu auch Ossenbühl , S. 46.
[53] Vgl. Kapitel 1 D II 1.

#### cc. Grundsatz des Primats persönlicher vor materieller Bedürfnisse des Kindes

Bei der Konkretisierung des Kindeswohlbegriffes sind wirtschaftliche Gesichtspunkte grundsätzlich zu berücksichtigen[54]. Diese stellen in unserer Gesellschaftsordnung für das Aufwachsen eines Kindes, seine Ausbildung und Erziehung eine wichtige Rahmenbedingung dar. Trotz dieser grundsätzlichen Beachtlichkeit, kommt ihnen aber im rechtlich relevanten Konfliktfall allein kein ausschlaggebender Wert zu[55]. Gegenüber Umständen, die die seelische Geborgenheit eines Kindes ausmachen, die im wesentlichen von dem Maß an Obhut und persönlicher Fürsorge abhängt, treten sie weit an Bedeutung zurück[56].

Vornehmlich für die Frage der Sorgerechtsregelung nach der Scheidung ist dieser Grundsatz des „Primats persönlicher vor materiellen Bedürfnissen des Kindes“ zu einem feststehenden Entscheidungskriterium geworden[57].

Jedoch auch für den Fall der Adoption des Pflegekindes durch seine Pflegeeltern kommt ihm Bedeutung zu. Bei der Beurteilung, ob die Adoption dem Kindeswohl entspricht, sind zwar auch wirtschaftliche Fragen, wie die finanzielle Situation der Pflegefamilie zu beachten. In erster Linie hat sich der Richter jedoch an den bestehenden Beziehungen zu den Pflegeeltern zu orientieren. Finanzielle Gesichtspunkte haben hierhinter grundsätzlich zurückzutreten. Auch im Falle einer Abwägung zwischen den Vorteilen eines durch eine Adoption bedingten, dauerhaften Verbleibs in der Pflegefamilie mit den Nachteilen eines drohenden Beziehungsabbruches und der endgültigen Unmöglichkeit einer Rückführung in die leibliche Familie ist in erster Linie auf die persönlichen Bedürfnisse abzustellen. Etwaigen finanziellen Gesichtspunkten, wie die in den meisten Fällen bessere wirtschaftliche Situation der Pflegefamilie, kommt hierbei nur nachrangige Bedeutung zu.

## II. Außerrechtliche Kriterien zum Kindeswohl

### 1. Der Kindeswille als rechtlich relevanter Faktor des Kindeswohls

Die Stellung eines Menschen als Grundrechtsträger ist unabhängig von dessen Alter und wird auch nicht durch Fragen der Geschäfts – bzw. Urteilsfähigkeit berührt.

In der Rechtsprechung des BVerfG ist deshalb der Schutz der Menschenwürde des Kindes aus Art. 1 und seines allgemeinen Persönlichkeitsrechts aus

[54] Boxdorfer RdJB 1974, S. 260, 263.

[55] BGHZ 3, S. 52, 59/60.

[56] LG Hof DA Vorm 1969, S. 282, 283.

[57] Vgl. BGHZ 3, S. 52, 59; KG FamRZ 1978, S. 829; OLG Köln OLGZ 1973, S. 181, 182; LG Hof DA Vorm 1969, S. 282, 283.

Art. 1 und 2 anerkannt[58]. Dieses Bekenntnis zur Würde und zum allgemeinen Persönlichkeitsrecht des Kindes verbieten es, das Kind, wie jeden anderen Menschen auch, zum Objekt staatlichen Handelns zu degradieren[59]. Bei einer Entscheidung, bei der dessen persönliches Schicksal im Vordergrund steht und dessen Rechte betroffen sind, muß es deshalb die Möglichkeit besitzen, auf das Ergebnis des Verfahrens Einfluß zu nehmen[60].

Im Scheidungsrecht hat die Umsetzung dieser, aus der Verfassung abgeleiteten Wertaussage, zur Regelung des § 1671 Abs. 3 S. 2 geführt, wodurch das 14-jährige Kind durcheinen abweichenden Vorschlag die Bindungswirkung eines Elternvorschlages nach § 1671 Abs. 3 S. 1 aufheben kann. Die Gesetzgebungsgeschichte zum SorgeRG vom 18. 7. 1979 berechtigt darüber hinaus zu der Schlußfolgerung, daß die Haltung des Kindes als generell beachtlicher Faktor des Kindeswohls in den Willen des Gesetzgebers aufgenommen wurde[61].

Im Adoptionsrecht sind die durch die Statusänderung der Annahme als Kind hervorgerufenen Konsequenzen für das gesamte Leben und die weitere Zukunft des Kindes bestimmend. Auch hier muß deshalb dem Kind die Möglichkeit eröffnet werden, seinen Willen in die Entscheidungsfindung miteinzubringen. Dieser Gedanke hat im Adoptionsrecht in § 1746 Ausdruck gefunden, wonach eine Adoption nur möglich ist, wenn bei einem Kind über 14 Jahren dessen Einwilligung, bei einem Kind unter 14 Jahren die Einwilligung des gesetzlichen Vertreters vorliegt. Die Formulierung dieser Vorschrift stellt jedoch keine Selbstverständlichkeit dar[62]. Im Rahmen der Prüfung des Kindeswohls nach § 1741 sind gemäß § 12 FGG (Amtsermittlungsgrundsatz) i. V. m. den Anhörungsvorschriften alle für und gegen eine Adoption sprechenden Umstände und somit auch der Kindeswille zu ermitteln[63]. Diesem kommt bei der Konkretisierung des Kindeswohls zwei Grundfunktionen zu:

Zum einen ist ihm aufgrund der Selbstbestimmung des Kindes Beachtung zu schenken, zum anderen ist er Ausdruck der kindlichen Bindung[64].

### a. Selbstbestimmung

Das Bekenntnis zu Würde und Selbstverantwortlichkeit des Kindes gebieten eine mit dem Reifegrad des Kindes korrelierende Berücksichtigung seiner Eigenentscheidung[65].

Die Abhängigkeit der Berücksichtigung kindlicher Selbstbestimmung von Fragen des Reifegrades und der Einsichtsfähigkeit dient hierbei nicht der will-

---

[58] BVerfG NJW 1982, S. 983; NJW 1981, S. 217, 218; FamRZ 1968, S. 578, 584.

[59] BVerfGE 57, S. 250, 275; 9, S. 89, 95.

[60] Vgl. ebd.

[61] Coester, S. 256.

[62] MüKo-Lüderitz § 1746 Rz. 2.

[63] Staudinger-Frank § 1746 Rz. 1.

[64] Coester, S. 257.

[65] Vgl. Diederichsen FamRZ 1978, S. 461, 462.

kürlichen kindlichen Bevormundung, sondern bezweckt vielmehr den Schutz des Kindes vor unvernünftigen eigenen Entscheidungen[66]. Es kommt somit zu einem Spannungsverhältnis zwischen Kindeswillen und Kindesschutz.

§ 1746 legt für dieses Spannungsverhältnis aus Gründen der Rechtssicherheit die Altersgrenze formell auf 14 Jahre fest[67]. Bei einem über 14 Jahre alten Kind findet eine Berücksichtigung seines Willens dadurch statt, daß eine Adoption nur möglich ist, wenn es hierzu seine Einwilligung erteilt. Jedoch können auch die Wünsche und Vorstellungen eines noch nicht 14 Jahre alten Kindes durch eine Anhörung nach §§ 55 c, 50 b FGG im Rahmen der Frage, ob die Adoption dem Kindeswohl entspricht, berücksichtigt werden[68]. Somit besteht auch für ein Kind unter 14 Jahren die Möglichkeit der Einflußnahme seines Willens auf die richterliche Entscheidungsfindung.

### *b. Die Beachtlichkeit des Kindeswillen als Ausdruck der inneren Bindungen des Kindes*

Die zweite Funktion des Kindeswillens bei der Konkretisierung des Kindeswohls, ist seine Indizfunktion für die inneren Bindungen des Kindes zu seinen Bezugspersonen, in dem hier relevanten Zusammenhang zu den Pflegeeltern und den leiblichen Eltern. Normalerweise ist jeder Mensch für seine eigenen Bindungen die sachnäheste und zuverlässigste Auskunftsquelle. Insbesondere bei kleineren Kindern erscheint diese Aussage jedoch sehr zweifelhaft. Ihre Äußerungen sind oftmals durch Phantasievorstellungen und Verdrängungsmechanismen verzerrt[69]. Auch dürfte die jeweilige Umgebung des Kindes häufig zu einer nicht zu unterschätzenden Willensbeeinflussung führen.

Für den Richter ergibt sich deshalb die schwierige Aufgabe, den Beweiswert des erklärten Willens des Kindes für dessen Bindung zu der Bezugsperson zu ermitteln. Generelle Altersgrenzen und Kriterien für den Reifegrad des Kindes sind hierfür nicht geeignet[70]. Die Beziehung eines Kindes zu einem Elternteil ist ein psychisch-emotionales Faktum, das rationaler Erfassung nicht bedarf und auch kaum zugänglich ist[71]. Vielmehr muß der Richter im Einzelfall den fremdgesteuerten Kindeswillen disqualifizieren[72] und den wirklichen Willen des Kindes trotz Verzerrungen durch Phantasievorstellungen und Verdrängungsmechanismen feststellen. Eine Aufgabe, die ihm ein gewisses Maß an psychologischen Kenntnissen abverlangt und ihn oftmals überfordern dürfte.

---

[66] Vgl. Zenz, Familienrechtsreform, S. 169 f.

[67] Vgl. BT Drucks. 7/3061, S. 35.

[68] BT Drucks. 7/3061, S. 35 f.

[69] Goldstein/Katz, S. 262.

[70] Siehe hierzu insbesondere die von der Rechtsprechung in erster Linie für den Aspekt der Beachtlichkeit des kindlichen Willens befürwortete Grenze von 10 Jahren, OLG Köln FamRZ 1976, S. 32, 34; FamRZ 1972, S. 264; FamRZ 1972, S. 144, 145; OLG Karlsruhe FamRZ 1968, S. 170.

[71] Coester, S. 263.

[72] Vgl. Beitzke, ZBlJugR 1973, S. 121, 124; Boxdorfer, RdJB 1974, S. 260, 263.

Hilfe bietet sich hier von der fachwissenschaftlichen, insbesondere der psychologischen Seite an. Durch die von dieser Disziplin entwickelten Methoden der Ermittlung des kindlichen Willens, wie z. B. die Spielexploration, lassen sich recht wirklichkeitsgetreue Angaben über die Bindung des Kindes zu seiner Bezugsperson machen. Der Richter kann sich dieser Möglichkeit durch Inauftraggabe eines entsprechenden Gutachtens bedienen.

## 2. Kindeswohlkriterien fachfremder Wissenschaften

Großes Gewicht bei der Konkretisierung des Kindeswohls für den hier relevanten Bereich der Adoption des Pflegekindes durch die Pflegeeltern kommt den Erfahrungstatsachen einschlägiger Wissenschaften zu, deren Forschungsgebiet den psychosozialen Bereich betrifft, namentlich der Psychologie, der Psychiatrie, der Pädagogik und der Soziologie.

Trotz häufig vorgebrachten Mißtrauens gegenüber fachwissenschaftlichen Äußerungen zum Kindeswohl – so wurde insbesondere kritisiert, daß der hypothetische Charakter vieler Erkenntnisse im psychosozialen Bereich dem Gewißheitsbedürfnis des Juristen nicht gerecht werde[73] – ist der Umgang mit fachwissenschaftlichem Erkenntnispotential in der heutigen Rechtspraxis eine Selbstverständlichkeit.

Entscheidungen, nicht nur der Oberlandesgerichte, enthalten oftmals mehr Literaturhinweise aus den Erfahrungswissenschaften als aus der Rechtswissenschaft[74].

Die wenigen Orientierungshilfen, die sich für die Konkretisierung des Kindeswohls in der Kommentarliteratur finden, sind aus dem außerjuristischen Bereich entlehnt[75].

Bei der richterlichen Entscheidungsfindung bietet das umfangreiche Material fachfremder Disziplinen eine unerläßliche Hilfe. Im Vergleich zu Kriterien wie der „eigenen Lebenserfahrung“ ist dieses objektiv nachprüfbar und für jeden Entscheidungsprozeß gleich. Zweifel hinsichtlich gewisser Fehlerquellen bei der Ergebnisfindung im Zusammenhang mit der Heranziehung außerrechtlicher Erfahrungstatsachen[76] lassen sich sich durch eine verantwortliche richterliche Richtigkeitsüberzeugung beseitigen, die in jedem Falle als zusätzliches Element rechtlicher Einsatzfähigkeit hinzutreten muß.

Für den hier relevanten Bereich soll deshalb in der weiteren Bearbeitung der Versuch unternommen werden, aus dem vielschichtigen und weitumfassenden Material fachfremder Wissenschaften zum Kindeswohl, einige handhabbare Kriterien zu entwickeln, die dem Praktiker bei der Bearbeitung derartiger Fälle eine Entscheidungshilfe bieten.

---

[73] Coester, S. 425.

[74] Vgl. Hinz ZBlJugR 1984, S. 529, 530.

[75] Vgl. Staudinger-Frank § 1741 Rz. 15 ff.; MüKo-Lüderitz § 1741 Rz. 8 ff.

[76] Vgl. Coester, S. 427 ff.

### a. Gegenwärtige Situation des Kindes

Als erster Schritt ist eine genaue „Bestandsaufnahme" der gegenwärtigen Situation des Kindes durchzuführen. Hierbei sind insbesondere seine Beziehungen zur Umwelt, Fragen der seelischen und geistigen Entwicklung und seine Bindungsfähigkeit zu untersuchen und im Anschluß daran die konkreten Bedürfnisse, die sich an eine Eltern-Kind-Beziehung stellen, zu ermitteln.

Wichtig in diesem Zusammenhang ist es, sich mit der Lebensgeschichte des Kindes genau auseinanderzusetzen[77].

- Wie sah das Herkunftsmilieu aus?
- In welchem Alter hat es die leibliche Familie
- verlassen ?
- Wie viele Heimaufenthalte hat es hinter sich ?

Vor diesem Hintergrund sind eventuelle Auffälligkeiten des Kindes festzustellen und dessen Bindungsfähigkeit zu untersuchen. Aufgrund dieser Feststellungen sind die konkreten Bedürfnisse des Kindes an eine Eltern-Kind-Beziehung zu erarbeiten.

Ist das Kind vorübergehend oder dauernd pflegebedürftig, ist u. U. eine größere körperliche, seelische und finanzielle Belastbarkeit des Annehmenden Voraussetzung für eine gesunde geistige Entwicklung[78]. Bei verhaltensgestörten Kindern sind möglicherweise besondere erzieherische Fähigkeiten erforderlich. Bei bestimmten Erfahrungen im Herkunftsmilieu sind u.U. die Adoptiveltern aus einer bestimmten Gesellschaftsschicht auszuwählen[79].

### b. Qualität der Beziehungen zu den Pflegeeltern

Im Anschluß an die Feststellung der gegenwärtigen Situation des Kindes ist die Qualität der Eltern-Kind-Beziehung zu den Pflegeeltern zu bewerten.

Hierzu ist in erster Linie auf die Bedürfnisse des Kindes Bezug zu nehmen. Die Pflegeeltern sollten, als geeignete Adoptiveltern, in der Lage sein, die konkreten Bedürfnisse des Kindes zu befriedigen[80]. Handelt es sich beispielsweise um ein stark verhaltensgestörtes Kind, sollten sie u. U. über spezielle erzieherische Fähigkeiten verfügen und aufgrund der verstärkten familiären Belastung in jungem Alter sein.

Ein weiterer Anknüpfungspunkt für die Qualität der Eltern-Kind-Beziehung zwischen Pflegeeltern und Pflegekind ist der Integrationsprozeß in die Pflegefamilie. Es sollte genau festgestellt werden, inwieweit das Kind bereits in die Pflegefamilie eingegliedert wurde und welche Hindernisse einer vollständigen Integration noch entgegenstehen[81]. Anhand des bisherigen Verlaufs des Inte-

[77] Vgl. Kapitel 1 C I.
[78] MüKo-Lüderitz § 1741 Rz. 18.
[79] Vgl. Blandow, Rollendiskrepanzen, S. 19 ff.
[80] Vgl. Kapitel 3 B II 2 b aa.
[81] Vgl. Kapitel 1 C II 3.

grationsprozesses ist dann eine Prognose aufzustellen, ob mit einer vollständigen Integration in die Pflegefamilie in Zukunft mit einer gewisssen Wahrscheinlichkeit gerechnet werden kann. Ergibt sich hier, daß dem weiteren Integrationsprozeß unüberwindliche Hindernisse entgegenstehen, so dürfte eine Adoption des Pflegekindes in der Regel nicht dem Kindeswohl entsprechen.

### *c. Die Qualität der Beziehung zu den leiblichen Eltern*

Als letzter Schritt ist die Qualität der Beziehungen zu den leiblichen Eltern zu untersuchen. Sind hier noch positive Bindungen vorhanden, gilt es diese durch Besuchskontakte aufrechtzuerhalten[82]. Bindungen an die leibliche Familie können insbesondere dazu dienen, dem Kind den Verlust des Herkunftsmilieus zu erleichtern und ihm ein realistisches Elternbild zu vermitteln[83]. Der Schritt der Adoption ist in einem solchen Falle sehr gründlich zu überlegen. Oftmals führt die durch die Adoption bewirkte, vollständige rechtliche Zuordnung zur Adoptivfamilie zu einem Kontaktabbruch zu den leiblichen Eltern, der sich auf die Entwicklung des Kindes sehr negativ auswirken kann[84]. Bei der Frage, ob die Adoption dem Kindeswohl entspricht, sind deshalb die mit einem Kontaktabbruch verbundenen Gefahren zu berücksichtigen. Ist ein solcher vorhersehbare Folge der Adoption, so dürfte diese nur dem Kindeswohl entsprechen, wenn die Vorteile einer dauerhaften, rechtlichen Zuordnung zur Pflegefamilie die Nachteile eines Kontaktabbruches zur Ausgangsfamilie überwiegen[85].

---

[82] Kapitel 1 D II 3.
[83] Ebd.
[84] Ebd.
[85] Vgl. bereits Kapitel 3 I 3 b aa.

# 4. Kapitel
# Die vormundschaftsgerichtliche Ersetzung der Einwilligung der leiblichen Eltern in die Adoption des Pflegekindes nach derzeitigem Recht

## A. Allgemeines

Die Adoption des Pflegekindes durch die Pflegeeltern findet im Gegensatz zu früher zunehmende Verbreitung.

In manchen Rechtsordnungen wird den Pflegeeltern im Falle einer in Frage kommenden Adoption ein Vorrang vor Dritten eingeräumt.

Hinter dieser Entwicklung dürfte wohl die in den letzten 25 Jahren auch in juristischen Fachkreisen immer mehr verbreitete Ansicht stehen, daß für ein Kind, das nicht in seiner Familie aufwachsen kann, die Adoption besser ist als ein Heimaufenthalt oder ein Aufenthalt in einer Pflegefamilie ohne ein zeitliches Ziel[1].

Diese Erwägung erkannte auch der Gesetzgeber, als er durch das KJHG vom 20. 6. 1990 § 36 Abs. 1 S. 2 SGB VIII schuf. Hiernach ist während einer langfristig zu leistenden Hilfe zur Erziehung außerhalb des Elternhauses zu prüfen, ob es im Interesse des Kindes liegt, für es durch eine Adoption eine andere, dauerhafte Lebensperspektive zu finden. Nicht bei jedem Pflegeverhältnis ist jedoch eine Adoption möglich und von allen Beteiligten auch gewollt[2].

Oftmals werden gerade im Hinblick auf Milieuprägung und Deprivationssymptome Integrationsprobleme in der Pflegefamilie bestehen, so daß es an einem Eltern-Kind-Verhältnis fehlt und ein solches auch in Zukunft nicht zu erwarten ist.

Nicht selten wird es auch an der Bereitschaft der Pflegeeltern mangeln, für ein solches Kind die volle elterliche Verantwortung zu übernehmen.

Auch wenn die Voraussetzungen für eine Annahme vorliegen und auch eine entsprechende Bereitschaft der Pflegeeltern vorhanden ist, scheitert eine Adoption oftmals am Willen der leiblichen Eltern[3]. Sind diese nicht bereit, ihre

---

[1] Vgl. Müko-Lüderitz § 1741 Rz. 4; Salgo Pflegekindschaft und Staatsintervention, S. 370; BT Drucks. 11 /5948, S. 73.

[2] Zu den Grenzen der Adoption im Pflegekinderbereich siehe Kapitel 1 D.

[3] Zu deren Motiven ihre Einwilligung zu verweigern siehe Kapitel 2 C.

nach § 1747 erforderliche Einwilligung in die Adoption zu erteilen, besteht nach der derzeitigen Rechtslage nur die Möglichkeit, diese nach § 1748 ersetzen zu lassen. § 1748 stellt jedoch nicht ausdrücklich auf den Fall einer Ersetzung der elterlichen Einwilligung für ein Pflegekind, das von seinen Pflegeeltern adoptiert werden soll, ab, sondern regelt allgemein für alle denkbaren Konstellationen der Minderjährigenadoption die Einwilligungsersetzung durch das Vormundschaftsgericht, wenn die leiblichen Eltern bei der Erfüllung ihrer Pflichten gegenüber dem Kind ein Versagen trifft oder sie diese aufgrund eines schweren geistigen Gebrechens nicht zu verrichten vermögen[4]. In der Praxis sind Ersetzungsprozesse nach § 1748 zumeist sehr langwierig und führen oftmals nicht zu dem gewünschten Erfolg[5].

Es gilt daher zu überlegen, ob § 1748 den spezifischen Anforderungen, die sich für den Fall der Adoption des Pflegekindes durch die Pflegeeltern ergeben, gerecht wird, oder, ob das in der Rechtswissenschaft bereits gewandelte Verständnis von den Bedürfnissen des Kindes, wie es in den §§ 36 SGB VIII und 1632 Abs. 4 BGB[6] zum Ausdruck kommt, durch eine Veränderung der bestehenden Rechtslage weitergedacht werden sollte.

In der folgenden Bearbeitung soll insbesondere diese Frage näher behandelt werden.

## B. Historische Entwicklung der Ersetzung der Einwilligung leiblicher Eltern in die Adoption des Kindes

Die Ersetzung der elterlichen Einwilligung in die Adoption war im BGB ursprünglich nicht vorgesehen.

Obwohl bereits 1920 schon Reformüberlegungen hierzu vorhanden waren[7], wurde erst 1962 durch das FamRÄndG mit § 1747 Abs. 3 a. F. eine entsprechende Regelung in das BGB eingeführt, nach der das VormG die Einwilligung eines Elternteils ersetzen konnte, wenn dieser seine Pflichten gegenüber dem Kind „dauernd gröblich verletzt oder die elterliche Einwilligung verwirkt" hat und die Einwilligung „böswillig verweigert" wurde und das Unterbleiben der Annahme dem Kind zu „unverhältnismäßigem Nachteil" gereichen würde.

Vor diesem Zeitpunkt wurde lediglich von einigen Gerichten in besonders gelagerten Einzelfällen, im Anschluß an eine Entscheidung des Kammerge-

[4] Zu den Motiven des Gesetzgebers bei der Schaffung von § 1748 siehe die Begründung des Entwurfes von § 1747 a, der im wesentlichen als § 1748 übernommen wurde, BT Drucks. 7/421, S. 5 ff.

[5] Vgl Arndt-Schweitzer ZBlJugR 1974, S. 201; Oberloskamp, ZBlJugR, S. 581, 597.

[6] Siehe hierzu Kapitel 1 B I.

[7] Vgl. Schubert, S. 50 ff.

richts[8], unter dem Gesichtspunkt der unzulässigen Rechtsausübung vom Erfordernis der elterlichen Einwilligung abgesehen[9].

Im Schrifttum wurde gegen § 1747 Abs. 3 BGB a. F., der bereits in den Bundestagsausschüssen stark umstritten war[10], heftiger Protest erhoben: Ein „intensiverer Verstoß gegen Elternrecht und Elternwürde" als der auf diese Weise zugelassene „staatliche Elterntausch" lasse sich kaum denken[11]. Es handele sich um „typisch autoritär-staatliches Unrecht"[12]. Einer zwangsweisen Wegnahme von Kindern seien „Tür und Tor" geöffnet[13].

Eine Vorlage des OLG Stuttgart[14] führte zu einer Überprüfung des BVerfG. Dieses hielt die Vorschrift für verfassungsgemäß mit der Begründung, daß das Recht auf Pflege und Erziehung eng verbunden sei mit einer entsprechenden Pflicht und dieser Grundrechtsschutz nur für ein Handeln in Anspruch genommen werden dürfe, „das bei weitester Anerkennung der Selbstverantwortlichkeit der Eltern noch als Pflege und Erziehung gewertet werden kann, nicht aber für das Gegenteil: die Vernachlässigung des Kindes"[15]. Im Fall des Versagens der Eltern ergebe sich aus dem staatlichen Wächteramt aus Art. 6 Abs. 2 S. 2 GG die Verpflichtung, die Erziehung und Pflege des Kindes sicherzustellen[16].

In der Rechtspraxis erwies sich bald, daß § 1747 Abs. 3 a. F. zu eng gefaßt war. Insbesondere ließ sich der Beweis einer dauernden und gröblichen Pflichtverletzung und des subjektiven Merkmals der Böswilligkeit nur schwer führen[17]. Aufgrund der Vorabreform des Adoptionsrechts wurde deshalb durch

---

[8] KG DR 1939, S. 2079; Das KG hatte durch Beschluß vom 29. 7. 1939 entschieden, daß von dem Erfordernis der Einwilligung eines im Zuchthaus befindlichen Vaters abgesehen werden könne, dessen Kind von Pflegeeltern adoptiert werden sollte. Wesentlich war die Tatsache, daß der Vater schon seit Jahren keinerlei Verbindung mit dem Kind mehr hatte und sich seit der Aufnahme durch die Pflegeeltern nicht mehr um es gekümmert hatte, so daß nach Ansicht des Gerichts eine schutzwürdige Beziehung nicht mehr bestand. Die Unwirksamkeit der Verweigerung der Einwilligung wurde mit § 226 BGB begründet. In der Begründung wird allerdings selbst zugegeben, daß § 226 BGB eine Verweigerung zwar nichtig machen, aber nicht eine verweigerte Einwilligung ersetzen könne.

[9] Dem KG folgend: OLG Hamburg FamRZ 1957, S. 379, 380; LG Koblenz FamRZ 1956, S. 59. Vom BGH wurde dieser Streit nicht entschieden. In BGHZ 27, 126, 131 wird vielmehr ausgeführt, daß es angesichts der eindeutigen Regelung des BGB in erster Linie Aufgabe des Gesetzgebers sei, durch eine entsprechende Gesetzesänderung Vorsorge zu treffen, daß eine rechtsmißbräuchliche Ausübung des elterlichen Einwilligungsrechts verhindert werde.

[10] Siehe Staudinger-Engler (10,11 Aufl.) § 1747 Rz. 40.

[11] Krüger, S. 207.

[12] Bosch FamRZ 1959, S. 379.

[13] Beitzke, 15. Aufl., S. 223.

[14] OLG Stuttgart FamRZ 1964, S. 51.

[15] BVerfGE 24, S.119, 143.

[16] BVerfGE 24, S.119, 144.

[17] Staudinger-Frank § 1748 Rz. 4.

das AdoptRÄndG vom 14. 8. 1973 § 1747 a eingeführt. § 1747 a verzichtete bewußt auf die nur schwer zu erstellende Prognose einer gröblichen Pflichtverletzung bzgl. der Zukunft in der ersten Tatbestandsalternative (aufgrund des Merkmals „dauernd“ war diese erforderlich; die neue Fassung sprach nur von „anhaltend gröblicher Pflichtverletzung“ und stellte damit auf die Gegenwart und die Vergangenheit ab). Statt der Verwirkung der elterlichen Pflichten in der 2. Alt. des § 1747 Abs. 3 a. F. verlangte § 1747 a eine besonders schwere Pflichtverletzung und die darauf begründete voraussichtliche Unmöglichkeit, das Kind weiterhin bei den Eltern zu belassen (§ 1747 a Abs. 1 S. 2).

Das nur schwer zu beweisende subjektive Merkmal der Böswilligkeit war in § 1747 a nicht mehr enthalten. Darüber hinaus enthielt § 1747 a zwei weitere Tatbestände, die in § 1747 Abs. 3 a. F. keine unmittelbare Entsprechung fanden[18]: Die Gleichgültigkeit in Abs. 1 S. 1 2. Alt., Abs. 2 und das besonders schwere geistige Gebrechen in Abs. 3.

Durch das AdoptG vom 2. 6. 1976 wurde im Zuge der Gesamtreform des Adoptionsrechts § 1747 a unter unwesentlicher redaktioneller Änderung als § 1748 übernommen[19]. Die wesentliche Neuerung der Gesamtreform liegt in der Ersetzung der einfachen Adoption alten Rechts durch die Volladoption und dem hierdurch bedingten Erlöschen der Beziehungen des Kindes zur Ausgangsfamilie und seiner vollständigen Integration in die Familie der Adoptiveltern.

§ 1748 ist deshalb im Gegensatz zu § 1747 Abs. 3 a. F. und § 1747 a nicht nur unter dem Aspekt, eines besonders schweren Eingriffs in das Elternrecht zu sehen, sondern auch an den Maßstäben von Art. 6 Abs. 1 GG zu messen. Nach überwiegender Auffassung ist § 1748 jedoch als verfassungsgemäß anzusehen[20].

## C. § 1748 und dessen derzeitige Auslegung

Wie bereits am Anfang dieses Kapitels erwähnt, besteht bei der Verweigerung der leiblichen Eltern ihre nach § 1747 III erforderliche Einwilligung in die Adoption des Pflegekindes zu erteilen, nur die Möglichkeit, diese nach § 1748 durch das Vormundschaftsgericht ersetzen zu lassen. § 1748 regelt nicht ausdrücklich den Fall der Adoption des Pflegekindes durch die Pflegeeltern, sondern läßt eine Ersetzung für alle Konstellationen der Minderjährigenadoption

---

[18] Vgl. Finger, FuR 1990, S. 184.

[19] Vgl. Staudinger-Frank § 1748 Rz. 5

[20] BayObLG FamRZ 1984, S. 417, 418; FamRZ 1974, S. 415, 423 ff.; OLG Hamm DA Vorm 1978, S. 364, 370; OLGZ 1976, S. 434; MüKo-Lüderitz vor § 1741 Rz. 37 ff.; RGRK-Dickescheid Rz. 2 ff.; Soergel-Liermann Rz. 1; kritisch hingegen Engler, S. 73 ff. Vom BVerfG wurde die Frage bisher nicht entschieden. Zur verfassungsrechtlichen Problematik der Einwilligungsersetzung siehe auch Kapitel 4 D.

in folgenden vier Fällen elterlichen Versagens bzw. elterlicher Erziehungsunfähigkeit aufgrund geistigen Gebrechens zu:

- wenn der Elternteil seine Pflichten gegenüber dem Kind anhaltend gröblich verletzt hat (Abs. 1 S. 1 1. Alt.) und das Unterbleiben der Annahme dem Kind zu unverhältnismäßigem Nachteil gereichen würde (Abs. 1 S. 1 2. Hs.)
- wenn der Elternteil durch sein Verhalten gezeigt hat, daß ihm das Kind gleichgültig ist (Abs. 1 S. 1 2. Alt.) und das Unterbleiben der Annahme dem Kind zu unverhältnismäßigem Nachteil gereichen würde (Abs. 1 S. 1 2. Hs.)
- wenn der Elternteil eine zwar nicht anhaltende, aber besonders schwere Pflichtverletzung begangen hat und das Kind voraussichtlich dauernd nicht mehr der Obhut des Elternteils anvertraut werden kann (Abs. 1 S. 2)
- wenn der Elternteil wegen besonders schwerer geistiger Gebrechen dauernd pflege- und erziehungsunfähig ist und das Kind bei Unterbleiben der Annahme nicht in einer Familie aufwachsen könnte und dadurch in seiner Entwicklung schwer gefährdet wäre (Abs. 3).

## I. „Anhaltend gröbliche Pflichtverletzung" (§ 1748 Abs. 1 S. 1 1. Alt.)

Nach der Begründung des Entwurfs zu § 1747 a, der unter geringfügiger Veränderung als § 1748 übernommen wurde, ist als gröbliche Pflichtverletzung eine „offensichtliche auch für die Eltern erkennbare Pflichtverletzung" als ein ihnen „zurechenbares Versagen" anzusehen[21].

§ 1748 verzichtet genauso wie sein Vorgänger § 1747 a bewußt auf das Erfordernis des schwer zu beweisenden subjektiven Merkmals der Böswilligkeit. An subjektiven Elementen enthält § 1748 lediglich das Erfordernis der Offensichtlichkeit und Erkennbarkeit der Pflichtverletzung für den betreffenden Elternteil[22]. Eine Erkennbarkeit im Sinne einer individuellen Schuld wird hierdurch jedoch ebensowenig gefordert wie auch sonst im Bürgerlichen Recht[23].

In objektiver Hinsicht verlangt § 1748, daß der Elternteil, dessen Einwilligung ersetzt werden soll, eine Elternpflicht „gröblich" d. h. in besonders anstößigem Maße verletzt hat[24]. § 1748 bezieht sich hierbei auf alle Arten von Elternpflichten[25]. Ist die elterliche Sorge schon vor der Pflichtverletzung ganz oder teilweise nach § 1666 entzogen worden, kann für die Zeit nach der Entziehung nur noch auf die Verletzung fortbestehender Pflichten wie Unterhalts-

---

[21] BT Drucksache 7/421 S. 7 u. 9.

[22] RGRK-Dickescheid § 1748 Rz. 8; Staudinger-Frank § 1748 Rz. 23; MüKo-Lüderitz § 1748 Rz. 7; a.A. Finger, der auf subj. Voraussetzungen ganz verzichtet; Finger FuR 1990, S. 183 ff.

[23] RGRK-Dickescheid § 1748 Rz. 8.

[24] OLG Köln FamRZ 1982, S. 1132, 1133; KG FamRZ 1966, S. 266, 267.

[25] Soergel-Liermann § 1748 Rz. 10

zahlung oder unterlassene Kontaktpflege abgestellt werden[26]. Für die Frage, ob die Pflichtverletzung als „gröblich" anzusehen ist, ist ausschließlich auf Art und Erheblichkeit abzustellen. Das Eltern-Kind-Verhältnis muß so sehr von der Norm abweichen, daß die Elternverantwortung als Korrelat des Erziehungsrechts diesem nicht mehr gegenüber steht[27].

Die Dauer der Pflichtverletzung ist in diesem Zusammenhang irrelevant. Der zeitliche Faktor ist allein dafür entscheidend, ob der Pflichtenverstoß „anhaltend" ist. Nach der Veränderung des Gesetzeswortlauts von § 1747 Abs. 3 a. F. muß bei § 1748, wie schon bei seinem Vorgänger § 1747 a, die Pflichtverletzung nicht „dauernd", sondern „anhaltend" sein. § 1748 verzichtet damit auf die
nur schwer zu erstellende Prognose bzgl. der Zukunft, sondern stellt nur auf die Vergangenheit und die Gegenwart ab. Bestehen jedoch genügend sichere Anhaltspunkte dafür, daß die Pflichtverletzung ein Ende gefunden hat, sind die in der Vergangenheit liegenden Verstöße außer Betracht zu lassen[28].

Zur weiteren Konkretisierung des unbestimmten Rechtsbegriffes[29] der „anhaltend gröblichen Pflichtverletzung" lassen sich folgende Fallgruppen bilden:

### *1. Mißhandlung ( körperliche Mißhandlung, grob liebloses Verhalten, schwerwiegende Vernachlässigung)*

In erster Linie fallen unter den Begriff der „Mißhandlung" aktive körperliche Mißhandlungen.

Erfolgen solche über einen gewissen Zeitraum, z. B. durch fortgesetzte übermäßige körperliche Züchtigung[30], verletzen die Eltern ihre Pflichten gegenüber dem Kind andauernd und gröblich.

Nicht nur körperliche Züchtigung kann das Kind an Leib und Seele schädigen. Kinder benötigen zu einer gedeihlichen Entwicklung die Liebe und Geborgenheit einer ständigen Bezugsperson[31]. Fehlt diese und erlebt das Kind statt dessen eine grobe lieblose Behandlung, wie z. B. durch ständige unangemessene Beleidigungen, so können die Eltern ihre Pflicht für das Wohl des Kindes zu sorgen genauso verletzen wie durch eine körperliche Mißhandlung[32]. Auch

---

[26] BayObLG FamRZ 1994, S. 1348, 1349; DA Vorm 1981, S.131, 136; OLG Frankfurt FamRZ 1985, S.831 und FamRZ 1983, S. 531.

[27] BayObLG FamRZ 1984, S. 937, 939; FamRZ 1982, S. 1129, 1131; DA Vorm 1981, S. 131; vgl. auch BVerfG 1968, S. 578 ff.

[28] RGRK-Dickescheid § 1748 Rz. 7.

[29] BayObLG FamRZ 1984, S. 937, 939; FamRZ 1982, S. 1129; DA Vorm 1981, S. 131, 132; OLG Stuttgart FamRZ 1964, S.54.

[30] AG Blieskastel DA Vorm 1975, S. 434.

[31] Siehe oben Kapitel C I.

[32] Vgl. Zenz, Kindesmißhandlung und Kindesrechte, S. 96.

in einem solchen Fall der „seelischen Mißhandlung“[33] liegt daher eine „gröbliche Pflichtverletzung“ vor, die es rechtfertigt, bei längerer Dauer die elterliche Einwilligung in die Adoption zu ersetzen[34]. In der Praxis treten körperliche und seelische Mißhandlung häufig zusammen auf und lassen sich nur schwer voneinander trennen[35].

Auch durch ein passives Verhalten in Form einer schwerwiegenden Vernachlässigung existentieller Bedürfnisse können Eltern das Kind an Leib und Seele verletzen bzw. in seiner Entwicklung schädigen. Im Hinblick auf die Folgen, die hier oftmals nicht weniger schwer sind als bei einer körperlichen Mißhandlung und die fließenden Übergänge zu dieser, werden schwerwiegende Vernachlässigungen des Kindes in der einschlägigen Fachliteratur häufig unter den Begriff „Mißhandlung“ gefaßt[36]. Auch in einem solchen Fall der „Mißhandlung“ durch ein rein passives Verhalten über einen längeren Zeitraum ist das Tatbestandsmerkmal einer „anhaltend gröblichen Pflichtverletzung“ erfüllt. Beispiele hierfür aus der Rechtsprechung sind insbesondere das Verwahrlosenlassen des Kindes bzw. die Vorenthaltung von Nahrung, Kleidung und Reinigung[37].

## 2. Teilnahmslosigkeit

Auch die bloße Teilnahmslosigkeit gegenüber dem Kind und dessen Schicksal vermag u.U. schon eine gröbliche Pflichtverletzung der Eltern zu begründen. Nach den Erkenntnissen der modernen Entwicklungspsychologie ist eine kontinuierliche und liebevolle Betreuung durch die Eltern gerade in den ersten Lebensjahren für eine gesunde seelische und körperliche Entwicklung des Kindes entscheidend. Lassen es die Eltern hieran fehlen, können sie dem Kind schweren Schaden zufügen. In der Rechtsprechung wurde deshalb, auch bei bloßer Teilnahmslosigkeit, eine anhaltend gröbliche Pflichtverletzung bejaht, wenn das Verhalten der Eltern zu einer objektiven Gefährdung existentieller Bedürfnisse des Kindes führen kann.

So wurde vom OLG Hamm[38] eine anhaltend gröbliche Pflichtverletzung in einem Fall angenommen, in dem eine Mutter in dem auf die Geburt folgenden Jahr sich nicht genügend um ihr Kind kümmerte, sondern häufig Tage lang von zu Hause fern blieb, um in Gaststätten dem Alkohol zuzusprechen. Hierin sah das Gericht eine schwere Gefährdung für das Wohl des Kindes, insbeson-

[33] Ebd.

[34] Siehe die umfangreiche Rechtsprechung bei Oberloskamp, ZBlJugR 1980, S. 581, 583/584.

[35] Zenz, Kindesmißhandlung und Kindesrechte, S. 96.

[36] Vgl. ebd. m. w. N.

[37] LG Hamburg DA Vorm 1978, S. 49, 52; LG Ravensburg DA Vorm 1975, S. 306, 307; AG Schwabach DA Vorm 1974, S. 273; AG Schöneberg DA Vorm 1968, S. 17.

[38] OLG Hamm FamRZ 1977, S. 415.

dere für seine gesunde Persönlichkeitsentwicklung, die eine Einwilligungsersetzung rechtfertige.

Das OLG Karlsruhe[39] sah eine Einwilligungsersetzung unter dem Gesichtspunkt einer anhaltend gröblichen Pflichtverletzung in einem Fall für gerechtfertigt, in dem eine Mutter ihr Kind nicht aus der Klinik abholte und seinem Schicksal überließ. Hierin sei ein Verhalten zu sehen, das zu einer objektiven Gefahr für das Kind führen könne und deshalb auch nicht durch die Tatsache ausgeräumt werde, daß im Wege der Jugendhilfe Ersatzeltern für das Kind gefunden wurden. Gleichgültiges Verhalten gegenüber dem Kind kann somit, wie das Gesetz in § 1748 Abs. 2 S. 1 bereits ausdrücklich sagt, gedanklich zugleich eine anhaltend gröbliche Pflichtverletzung darstellen.

Im Schrifttum finden sich jedoch keine Abgrenzungskriterien zwischen der Tatbestandsalternative der „Gleichgültigkeit" und der „anhaltend gröblichen Pflichtverletzung".

Auch der überwiegende Teil der Rechtsprechung[40] knüpft an keine klaren Abgrenzungsmerkmale zum Tatbestandsmerkmal der „Gleichgültigkeit" an. Die Abgrenzung erfolgt vielmehr anhand der besonderen Umstände des Einzelfalles. Der Übergang zwischen beiden Tatbestandsalternativen scheint hierbei eher fließend. In der Praxis bereitet der Umgang mit § 1748 nicht zuletzt deshalb oftmals beträchtliche Schwierigkeiten. Insbesondere Urteile der Gerichte erster Instanz geben hier häufig zu Kritik Anlaß. Wegen der Belehrungs- und Beratungspflicht, die nur für den Fall der Gleichgültigkeit besteht, ist jedoch eine eindeutige Trennung beider Begriffe unverzichtbar.

Hilfe bereitet hier die Argumentation des BayObLG[41] zu einem Fall, in dem nach der Scheidung taubstummer Eltern das Kind in einem Alter von 2 Jahren in eine Pflegefamilie gegeben wurde. Das Kind sah die Pflegeeltern nach einem 4-jährigen Aufenthalt in der Pflegefamilie als seine Eltern an und hatte an die Mutter kein Erinnerungsvermögen mehr. Die Mutter verweigerte jedoch die Einwilligung in die Adoption und verlangte das Kind von Zeit zu Zeit zu sehen. Das Gericht stellte darauf ab, ob es der Elternteil, dessen Einwilligung ersetzt werden soll, noch in der Hand hat, durch eine bloße Änderung seines Verhaltens gegenüber dem Kind eine Eltern-Kind-Beziehung wieder herzustellen (dann Gleichgültigkeit) oder ob bereits unwiderrufliche Nachteile für das Kind eingetreten sind und diese Gefährdung des Kindeswohls nicht mehr allein durch eine Änderung der subjektiven Einstellung, durch eine Herstellung oder Wiederherstellung eines verantwortlichen Verhaltens des Elternteils be-

[39] OLG Karlsruhe FamRZ 1983, S. 1058.

[40] Vgl. insbesondere: OLG Köln FamRZ 1987, S. 203, 204; LG München II DA Vorm 1980, S. 119, 124 ff.; AG Bad Iburg DA Vorm 1983, S. 62, 64; AG Hamburg ZBlJugR 1983, S. 240.

[41] BayObLG FamRZ 1982, S. 1029, 1030.

seitigt werden kann (dann gröbliche Pflichtverletzung)[42]. Unter Berufung auf diesen Maßstab nahm es eine anhaltend gröbliche Pflichtverletzung der Mutter an, da hier keine wiederbelebungsfähige Restbindung zwischen ihr und dem Kind vorhanden gewesen sei.

Ein Abstellen auf die Frage, ob eine Verhaltensänderung des entsprechenden Elternteils eine Eltern-Kind-Beziehung wieder herzustellen vermag, erscheint im Hinblick auf die bei der Gleichgültigkeit obligatorische Belehrung und Beratung überzeugend. Ist eine Eltern-Kind-Beziehung trotz Änderung des elterlichen Verhaltens von vornherein nicht möglich, so würde die Belehrung und Beratung überflüssig erscheinen und hätte deshalb zu unterbleiben. Auch leistet diese Argumentation eine trennscharfe Abgrenzung der beiden Tatbestandsalternativen. Solange es hierdurch nicht zu Verdrehungen des Wortlauts kommt, müssen gesetzliche Regelungen sinngerecht und stimmig ausgelegt werden. Dies ist durch die Argumentation des BayObLG möglich. Folgt man dieser, so trifft der Vorwurf, § 1748 sei an der Praxis vorbeikonzipiert, zumindestens was die Einführung des Tatbestandsmerkmals der Gleichgültigkeit anbelangt, nicht mehr zu.

### 3. Lebenswandel der Eltern

#### a. Straffälligkeit und Prostitution

Die Straffälligkeit eines Elternteils, dessen Einwilligung nach § 1748 ersetzt werden soll, kann u.U. eine anhaltend gröbliche Pflichtverletzung gegenüber dem Kind darstellen. Hier bestehen jedoch keine Zwangsläufigkeiten. Grundsätzlich fehlt jede direkte Verbindung zwischen der Straffälligkeit der Eltern und der Verletzung von Kindesinteressen[43]. Eine Pflichtverletzung liegt erst vor, wenn die Straftat konkrete Auswirkungen für das Kind hat[44]. Dies ist eindeutig gegeben, wenn sich die Straftat gegen das Kind richtet oder für es unmittelbare Folgen hat[45]. Nach der Rechtsprechung reicht hierfür bereits auch schon eine bloße mittelbare Pflichtwidrigkeit aus, wenn der entsprechende Elternteil infolge häufiger Straftaten unfähig ist, für sein Kind zu sorgen[46] oder das Kind infolge der Freiheitsentziehung sich selbst überlassen bleibt oder sein Unterhalt gefährdet ist[47].

---

[42] BayObLG FamRZ 1982, S.1129, 1130; OLG Köln FamRZ 1987, S. 203, 204; Finger DA Vorm 1990, S. 393, 394 ff.; Gawlitta ZfJ 1988, S. 110; Erman-Holzhauer § 1748 Rz. 14; Staudinger-Frank § 1748 Rz. 29.

[43] Finger FuR 1990, S. 183, 186.

[44] Staudinger § 1748 Rz. 18.

[45] Soergel Liermann § 1748 Rz. 13; Finger, FuR 1990, S. 181, 186.

[46] Ausdrücklich LG Kleve DA Vorm 1970, S. 315, 316; ebenfalls LG München II DA Vorm 1980, S. 119, 125 und AG Cuxhaven FamRZ 1976, S. 241, 242, hier hatte allerdings der entsprechende Elternteil in Kauf genommen, daß das Kind aufgrund der Strafhaft nicht versorgt und betreut werden konnte.

[47] BayObLG DA Vorm 1981, S. 131, 137; OLG Frankfurt FamRZ 1983, S. 531, 532.

Dieselben Maßstäbe gelten bei der Prostitution, bei der die Strafbarkeitsschwelle noch nicht einmal überschritten ist. Das bloße Mißfallen oder die Anstößigkeit, die die Nachbarschaft oder die Allgemeinheit hieran nimmt, sind hier ebensowenig ausreichend wie bei der Straffälligkeit der Eltern Sanktionsgesichtspunkte oder besserwisserische Nacherziehung[48]. Spielt sich die Prostitution vor den Augen des Kindes ab oder wird dieses von den Eltern zur Prostitution mißbraucht, liegt hierin bereits eine Straftat gegenüber dem Kind, so daß eine Einwilligungsersetzung schon aus diesem Grund gerechtfertigt ist. Abgesehen von diesen Fällen, kann eine Prostituierte dem Kind eine Erziehung bieten, wie jeder andere Elternteil auch. Insbesondere kann von dem Lebenswandel der Mutter nicht zwangsläufig darauf geschlossen werden, daß diese auch das Kind in dem entsprechenden Sinne erzieht. Oftmals wird eine Prostituierte möglicherweise sogar besser in der Lage sein, für das Kind zu sorgen als eine Berufstätige, da sie über mehr Zeit verfügen dürfte. Deshalb kommt auch bei der Prostitution des Elternteils eine Einwilligungsersetzung erst in Betracht, wenn diese nachweisbare negative Auswirkungen auf das Kind und dessen Entwicklung hat[49].

### *b. Alkohol- und Drogenabhängigkeit*

In sehr vielen Fällen entstammt das Pflegekind einer Familie, in der zumindest ein Elternteil drogen- bzw. alkoholabhängig ist. Eine Anordnung des Vormundschaftsgerichts vermag diese Tatsache für sich allein ebenfalls nicht zu stützen. Auch hier sind nachgewiesene Auswirkungen für die Entwicklung des Kindes notwendig[50]. Anders als in Fällen der Straffälligkeit bzw. Prostitution wird bei der Suchtmittelabhängigkeit in der Praxis nicht selten die Erziehungsfähigkeit des entsprechenden Elternteils beeinträchtigt sein. Hat diese ein fortgeschrittenes Stadium erreicht, dürfte der entsprechende Elternteil zumeist objektiv nicht mehr in der Lage sein, seine Elternpflichten zu erfüllen. Oftmals wird hier das gesamte Geld zur Befriedigung der elterlichen Sucht verbraucht. Häufig ist der entsprechende Elternteil nicht mehr imstande, die konkreten Bedürfnisse des Kindes zu erkennen und zu erfüllen. Zumindest in einem fortgeschrittenen Stadium der Alkohol- bzw. Drogensucht dürfte deshalb, im Gegensatz zu den Fällen der Straffälligkeit bzw. Prostitution, bei denen das elterliche Verhalten nicht zwangsläufig zu einem Nachteil für das Kind führt, regelmäßig von einer anhaltend gröblichen Pflichtverletzung auszugehen sein.

## *4. Unterhaltspflichtverletzungen*

Die Verletzung der Unterhaltspflicht allein ist nicht ausreichend, um eine anhaltend gröbliche Pflichtverletzung zu begründen und damit eine Ersetzung

[48] Finger FuR 1990, S. 183, 186.
[49] Ebd.
[50] OLG Frankfurt FamRZ 1983, S. 531.

der elterlichen Einwilligung zu rechtfertigen. § 1748 I 1. Alt. stellt bei seiner Bewertung im Rahmen des unbestimmten Rechtsbegriffes der „anhaltend gröblichen Pflichtverletzung" ausschließlich darauf ab, ob die Pflichtwidrigkeit gegenüber dem Kind es rechtfertigt, aufgrund seiner Art und Schwere das „natürliche Band zwischen einem Elternteil und seinem Kind durch Ersetzung der Einwilligung zur Adoption" zu zerreissen[51]. Sanktionsgesichtspunkte i. S. einer „Charakterstrafe"[52] sind hier ebensowenig gerechtfertigt wie bei den bereits erörterten Formen eines sozial mißbilligten elterlichen Lebenswandels. Nach überwiegender Ansicht muß deshalb auch hier eine Kindeswohlgefährdung eingetreten sein[53].

Dies ist nicht der Fall, wenn das Kind von seinen Pflegeeltern gut versorgt wird oder Dritte für den Unterhalt des Kindes aufkommen.

Leistungen im Rahmen der Sozial- oder Jugendhilfe sind hierbei außer Betracht zu lassen. Die Aufgabe unseres Sozialstaates besteht nicht darin, Sanktionen gegen nachlässige Mitbürger zu verhindern, sondern vielmehr darin, die von der Nachlässigkeit potentiell Betroffenen zu schützen. Bei Verletzung der Unterhaltspflicht ist deshalb auf einen hypothetischen Kausalverlauf abzustellen, der eingetreten wäre, wenn ohne Sozial- oder Jugendhilfe der Unterhaltsschuldner seiner Verpflichtung nicht nachgekommen wäre[54].

## II. „Gleichgültigkeit" (§ 1748 Abs. 1 S. 1 2. Alt.)

Die Erfüllung der elterlichen Pflichten vermag für sich allein noch keine gedeihliche Entwicklung des Kindes zu gewährleisten. Neben der in Pflichten meßbaren äußeren Fürsorge benötigen Kinder auch ein gewisses Maß an persönlicher Zuwendung. Läßt ein Elternteil es hieran fehlen, indem er z. B. längere Zeit keinen persönlichen Kontakt mit dem Kind hält, handelt er „gleichgültig"[55]. In einem solchen Fall ist gemäß § 1748 Abs. 1 S. 1 2. Alt. eine Einwilligungsersetzung möglich, auch wenn in dem Verhalten noch keine elterliche Pflichtverletzung zu sehen ist[56].

Die Ersetzungsmöglichkeit wegen „Gleichgültigkeit" wurde insbesondere zum „besseren Schutz" der von ihren Eltern häufig schlicht vernachlässigten Heim- und Pflegekindern durch das AdoptRÄndG eingeführt[57]. Im Gegensatz

---

[51] BayObLG ZBlJugR 1983, S. 234, 238

[52] Ebd.

[53] BayObLG FamRZ 1984, S. 935, 936; FamRZ 1984, S. 417, 419; ZBLJugR 1983, S. 234, 238; DA Vorm 1981, S. 131, 137; OLG Frankfurt FamRZ 1985, S. 831; OLG Düsseldorf DAVorm 1977, S. 757, 758; KG FamRZ 1969, S. 171.

[54] Oberloskamp, S. 581, 585.

[55] Staudinger-Frank § 1748 Rz. 25.

[56] Zur Abgrenzung der Gleichgültigkeit zur anhaltend göblichen Pflichtverletzung siehe Kapitel 4 C I 2.

[57] BT Drucksache 7/421, S. 8.

zur „anhaltend gröblichen Pflichtverletzung", wird hierbei auf eine subjektive Einstellung abgestellt, die gegeben ist, wenn es dem entsprechenden Elternteil an jeglicher Anteilnahme und an jeglichem Interesse am Schicksal des Kindes mangelt, an seiner weiteren Entwicklung, seinem Wohlergehen und seinen Problemen[58]. Bei einer Bewertung ist jedoch an objektive Tatsachen anzuknüpfen, die nach der Lebenserfahrung einen Schluß auf Gleichgültigkeit zulassen (Vermeiden persönlicher Kontakte u. ä.)[59].

In der Praxis kommt der im Gesetz beschriebenen Alternative der Gleichgültigkeit keine große Bedeutung zu. Zum Ersetzungsverfahren entscheiden sich Jugendämter oftmals erst, wenn zu einer Gleichgültigkeit auch eine anhaltend gröbliche Pflichtverletzung hinzutritt.

Jugendämter sollten hier versuchen, die vom Gesetz vorgesehene Alternative der Gleichgültigkeit – anstatt leerlaufen zu lassen – stärker im Interesse des Kindes zu nutzen. Hierbei können die Abgrenzungskriterien des BayObLG zwischen „Gleichgültigkeit" und „anhaltend gröblicher Pflichtverletzung" eine wertvolle Hilfe leisten[60].

### 1. Fallgruppen

#### a. „Gleichgültigkeit" aufgrund mangelnder Bemühungen, den Kontakt mit dem Kind aufrechtzuerhalten

Eine Fallgruppe, in der Jugendämter ein Ersetzungsverfahren häufig ausschließlich auf eine Gleichgültigkeit des betreffenden Elternteils stützen, umfaßt die Fallkonstellationen, in denen die Eltern nach einer Fremdplazierung keine weiteren Bemühungen zeigen, den Kontakt mit dem Kind aufrechtzuerhalten. Diese Fallgruppe hatte auch der Gesetzgeber bei Einführung des Tatbestandsmerkmals der Gleichgültigkeit in erster Linie im Auge[61].

Ist das Kind in einem Heim oder in einer Pflegefamilie untergebracht, hat der Elternteil durch regelmäßige Besuche, Telefonate, Heimholung in den Ferien u.ä. die notwendigen Verbindungen zu dem Kind aufrechtzuerhalten[62].

Bzgl. der Intensität derartiger Bemühungen hat in den letzten Jahren eine Veränderung der Erwartungen an die Eltern-Kind-Beziehung stattgefunden, die selbst bei Fremdplazierung Geltung beansprucht[63]. Während lange Zeit Passivität der Eltern, deren Wissen um eine befriedigende Versorgung als ausreichend galt, werden heute von den Eltern fremdplazierter Kinder erhöhte Anstrengungen erwartet, ihre Beziehungen zu dem Kind aufrechtzuerhalten und unter Beweis zu stellen bis hin zu der Inanspruchnahme anwaltlicher Hilfe

[58] Finger DAVorm 1990, S. 394, 397.
[59] BayObLG FamRZ 1984, S. 417, 419.
[60] Vgl. Kapitel 4 E I 2.
[61] Vgl. BT Drucks. 7/421, S. 8.
[62] Finger FuR 1990, S. 183, 188.
[63] Vgl. Salgo, Pflegekindschaft und Staatsintervention, S. 383.

bei Behinderung oder persönlicher Teilnahme an gerichtlichen Anhörungen[64]. Ausgehend von der kindlichen Zeitvorstellung, muß dem Kind bzgl. des Vorhandenseins seiner Beziehung zu den leiblichen Eltern eine gewisse Verläßlichkeit geboten werden[65].

Kurze, sporadische Besuche sind hierfür nicht ausreichend.

Ist der Kontakt jedoch durch obrigkeitliche Maßnahmen, wie durch das Anraten des Jugendamtes, unterblieben, kann hieraus nicht auf eine Gleichgültigkeit der Eltern gegenüber dem Kind geschlossen werden[66]. In einem solchen Fall ist oftmals die Erkenntnis maßgebend, ein Untätigbleiben diene dem Kindeswohl.

### b. „Gleichgültigkeit" bei „verwerflichen" Motiven, die Einwilligung in die Adoption zu verweigern

Gleichgültigkeit am Kind und seiner Entwicklung kann nach der Rechtsprechung des BayObLG auch zeigen, wer zwar äußerlich am Besitz des Kindes festhält, dieser Anspruch jedoch „keiner echten gefühlsmäßigen Bindung entspricht, sondern anders motiviert ist, wie z. B. durch Neid, Rachsucht, Böswilligkeit oder die Besorgnis um das eigene Wohl." Das Gericht erwähnt diese Formel zwar in mehreren Entscheidungen[67], nimmt aber letztlich in keiner das Vorliegen der notwendigen Voraussetzungen an.

Teilweise geht es hierauf in seiner Begründung gar nicht weiter ein, da die Vorinstanz hier offensichtlich rechtsfehlerfrei entschieden hatte[68].

Ausführlich setzt es sich hiermit in einem Fall auseinander, in dem nach der Scheidung der Eltern die Mutter das Sorgerecht für das Kind zugesprochen bekam und deren neuer Ehemann das Kind adoptieren wollte[69]. Der Vater, der aus Gründen des Kindeswohls vom Umgangsrecht ausgeschlossen war, verweigerte hierzu seine Einwilligung. Nach dem von der Vorinstanz festgestellten Sachverhalt hatte der Vater aus verletztem Stolz und Eifersucht gegenüber seiner Frau die Einwilligung nicht erteilt. Diese Motive würden nach Überzeugung des BayObLG jedoch nicht ausschließen, daß er auch Liebe zu seinem Kind empfinde und an dessen Schicksal nicht gänzlich uninteressiert sei. Zumindest gäbe sein Verhalten keinen begründeten Zweifel, das Gegenteil anzunehmen. Deshalb könne nicht davon ausgegangen werden, daß ihm das Kind gleichgültig sei.

Diese Argumentation erscheint sehr bedenklich. Letztlich wird in fast jedem Fall der Weigerung leiblicher Eltern, ihre Einwilligung in die Adoption zu

[64] BayObLG 1984, S. 417, 419; AG Hamburg ZBlJugR 1983, S. 241; Palandt-Diederichsen § 1748 Rz. 7.

[65] Finger, DAVorm 1990, S. 394, 397.

[66] E.b.d.

[67] BayObLG FamRZ 1984, S. 417, 419; ZBlJugR 1983, S. 234, 238; DAVorm 1981, S. 131, 138.

[68] BayObLG FamRZ 1984, S. 417, 419.

[69] BayObLG ZBlJugR 1983, S. 234.

erteilen, ein ganzes Motivbündel vorliegen. Nicht selten wird das Kind aufgrund eines Sorgerechtsentzuges den Eltern weggenommen. Bei den meisten Betroffenen löst ein solcher Eingriff Haß- und Rachegefühle aus, die letztlich dafür mitentscheidend sein dürften, die Einwilligung zu verweigern. In nur wenigen Fällen wird hingegen das Kind den Eltern völlig gleichgültig sein. Eine Trennung und Bewertung dieser Motive dürfte im Einzelfall nur schwer möglich sein und zu großen Unsicherheiten und Zufälligkeiten bei der Entscheidungsfindung führen: Wann kann man davon ausgehen, daß im konkreten Fall die Liebe des Elternteils hinter andere Motive wie Rachsucht und Neid zurücktritt, so daß der Besitzanspruch des Elternteils auf keiner gefühlsmäßigen Bindung beruht ? Die Grenzen dürften hier kaum auszumachen sein, so daß es letztlich ausschließlich von der subjektiven Wertung des einzelnen Richters abhängig ist. Daneben wird auch der Beweis dieser subjektiven Merkmale große Schwierigkeiten bereiten. Nicht zuletzt deshalb verzichtete der Gesetzgeber in § 1748 auf das Merkmal der Böswilligkeit, bei dem es gerade auf die Feststellung einer gehässigen und feindseligen Gesinnung ankam[70].

## 2. Beratung und Belehrung durch das Jugendamt (§ 1748 Abs. 2)

In den Fällen der Ersetzung der Einwilligung der leiblichen Eltern in die Adoption wegen Gleichgültigkeit sieht das Gesetz gemäß § 1748 Abs. 2 eine Belehrung des Elternteils über die Möglichkeit der Ersetzung der Einwilligung und eine Beratung über Erziehungshilfen in der leiblichen Familie gem. § 51 KJHG vor. Da die Eltern-Kind-Beziehung hier nicht zerstört, sondern nur vernachlässigt wurde, soll den Eltern hierdurch die Chance eröffnet werden, ihr Verhalten zu korrigieren und ihre Beziehungen zu dem Kind zu normalisieren[71]. Erst wenn innerhalb einer Frist von drei Monaten, die mit der Belehrung und Beratung beginnt, der Elternteil sein Verhalten nicht geändert hat, kann dessen Einwilligung durch das Vormundschaftsgericht ersetzt werden.

Die praktische Durchführung der Beratung bereitet den Jugendämtern oftmals große Schwierigkeiten[72]. Auf der einen Seite sind sie gehalten, den leiblichen Eltern eine vernünftige und reale Chance zu geben. Auf der anderen Seite hat die Lebenswirklichkeit jedoch oftmals schon die leiblichen Eltern und das Jugendamt überholt. Das Kind ist nicht selten seit Jahren in einer Pflegefamilie untergebracht und hat dort gesunde Wurzeln geschlagen. Die Beratungspflicht über Erziehungshilfen in der eigenen Familie führt in einem solchen Fall bloß zu einer Verzögerung der Sachentscheidung und damit zu einer weiteren Gefährdung des Kindeswohls, ohne an den Umständen noch irgend etwas ändern zu können[73].

---

[70] Staudinger-Engler, 10./11. Aufl., § 1747 Rz. 49.
[71] RGRK-Dickescheid § 1748 Rz. 15.
[72] Vgl. Oberloskamp ZBlJugR, S. 581, 590; Finger FuR 1990, S. 183, 189.
[73] Frankf. Komm. zum KJHG § 51 KJHG Rz. 4.

Aufgrund dieser Tatsache formuliert § 51 KJHG im Gegensatz zu seinem Vorgänger § 51 a JWG, die Beratungspflicht der Eltern nur als Solleistung. Insbesondere kann hiernach auf eine Beratung verzichtet werden, wenn das Kind seit längerer Zeit „bei den Adoptiveltern in Familienpflege lebt und bei einer Herausgabe an den Elternteil eine schwere und nachhaltige Schädigung des körperlichen und seelischen Wohlbefindens des Kindes zu erwarten ist". § 51 KJHG stimmt damit die Beratungspflicht der Eltern durch das Jugendamt auf die durch die Einführung des § 1632 Abs. 4 geschaffene veränderte Situation ab, nach der ein Pflegekind bei festen Beziehungen zu den Pflegeeltern von den leiblichen Eltern nicht mehr aus der Pflegefamilie herausgerissen werden kann.

Auch an dieser Regelung dokumentiert sich das veränderte Verständnis der Bedürfnisse des Kindes und seiner Beziehung zu seinen psychologischen Eltern.

## III. „unverhältnismäßiger Nachteil" (§ 1748 Abs. 1 S. 1 2. Hs.)

Sowohl bei der 1. Alt. des § 1748 („anhaltend gröbliche Pflichtverletzung") als auch bei der 2. Alt. („Gleichgütigkeit") muß das Unterbleiben der Adoption zu „unverhältnismäßigem Nachteil" gereichen, um eine Einwilligungsersetzung zu rechtfertigen. Hierbei muß unter strikter Beachtung des Verhältnismäßigkeitsgrundsatzes die Lage des Kindes mit und ohne Adoption verglichen und in Beziehung gesetzt werden zu der Schwere des Eingriffes in das Elternrecht[74]. Der Nachteil muß hierbei so schwer wiegen, daß der Eingriff in das Elternrecht angesichts des Fehlverhaltens der Eltern hingenommen werden kann[75]. Bei der Gewichtung der Interessen der Eltern und des Kindes sind alle Umstände des Einzelfalles wie z. B. Art und Dauer des elterlichen Fehlverhaltens und dessen Auswirkungen auf das Kind zu berücksichtigen[76]. Nicht jeder Nachteil rechtfertigt jedoch bereits die Ersetzung der elterlichen Einwilligung in die Adoption. Verbessern sich z. B. nur die wirtschaftlichen Verhältnisse des Kindes durch dessen Annahme, ist die „Umsiedlung aus der ungesunden Großstadtumgebung in gesündere Kleinstadtverhältnisse oder die Betreuung durch einen nicht berufstätigen Elternteil" hierdurch vorgesehen, ist eine Einwilligungsersetzung nicht zulässig[77]. Zu einer solchen ist vielmehr erforderlich, daß sich durch die Adoption die gesamten Lebensumstände des Kindes entscheidend verbessern oder durch ein Unterbleiben entscheidend verschlechtern[78].

---

[74] Staudinger-Frank § 1748 Rz. 38/39; vgl. auch BVerfGE 24, S. 119, 146.

[75] RGRK-Dickescheid § 1748 Rz. 10.

[76] BGH FamRZ 1986, S. 460, 462.

[77] Soergel-Liermann § 1748 Rz. 18.

[78] OLG Hamm FamRZ 1976, S. 462, 464.

In der Regel ist deshalb ein „unverhältnismäßiger Nachteil“ zu bejahen, wenn das Kind in einer guten Pflegefamilie untergebracht ist und diese ohne Adoption verlieren würde[79].

Nicht so eindeutig sind die Fälle zu entscheiden, in denen die Eltern auch ohne Adoption bereit sind, das Kind zu behalten.

Von der Rechtsprechung wurde hier verschiedentlich, teilweise unter Verkennung der Ausführungen des BVerfG zum Verhältnismäßigkeitsprinzip[80], ein „unverhältnismäßiger Nachteil“ verneint[81].

In der neueren Rechtsprechung dürfte sich spätestens seit der Beschäftigung des BGH mit dieser Frage[82], die Ansicht durchgesetzt haben, auch in einem solchen Fall einen „unverhältnismäßigen Nachteil anzunehmen“[83]. Als Begründung wird der auch unter Geltung des § 1632 Abs. 4 rechtlich unsichere Pflegekinderstatus und die damit verbundene fehlende Stabilität für die Entwicklung einer tragfähigen Eltern-Kind-Beziehung angeführt[84]. Das Kind habe vielmehr einen Anspruch auf Klarheit und Sicherheit seiner familiären Beziehungen. Gegenüber dem unsicheren Verbleiben in einer Pflegefamilie biete die Adoption ein Höchstmaß an Geborgenheit und schaffe stabilere Beziehungen als ein rechtlich abgesichertes Dauerpflegeverhältnis[85].

Diese Ansicht vermeidet nicht nur das paradoxe Ergebnis, daß adoptionswillige Pflegeeltern es ablehnen müßten, das Kind ohne Adoption zu behalten[86], sondern berücksichtigt auch die durch Schaffung des § 1632 Abs. 4 veränderte Situation in Form einer dauerhaften Spaltung juristischer und faktischer Elternschaft, deren Folgeproblem in nicht wenigen Fällen die Adoption des Pflegekindes ist.

## IV. „besonders schwere Pflichtverletzung“ (§ 1748 Abs. 1 S. 2)

Auch wenn eine Pflichtverletzung nicht die nach § 1748 Abs. 1 S. 1 1. Alt. erforderliche Dauer aufweist, kann sie eine Ersetzung der elterlichen Einwilligung in die Adoption rechtfertigen, wenn sie von solchem Gewicht ist, daß

[79] OLG Düsseldorf DAVorm 1977, S. 751; LG Ellwangen DAVorm 1976, S. 159, 160.

[80] So OLG Frankfurt FamRZ 1986, S. 601; kritisch hierzu Salgo, Pflegekindschaft und Staatsintervention, S. 386; vgl. auch BVerfGE 24, S. 119, 146.

[81] OLG Frankfurt FamRZ 1986, S. 601; OLG Düsseldorf, DAVorm 1977, S. 755, 756; DAVorm 1975, S. 432, 433.

[82] BGH FamRZ 1986, S. 460.

[83] BayObLG FamRZ 1994, S. 1348, 1350; DA Vorm 1990, S. 381, 383; FamRZ 1988, S. 871, 872; OLG Hamm Jugendwohl 1994, S. 284, 290; ZfJ 1984, S. 364, 367; FamRZ 1977, S. 415, 420; OLG Karlsruhe FamRZ 1990, S. 94, 95 ff.; OLG Frankfurt FamRZ 1986, S. 1042; LG Darmstadt, DAVorm 1977, S. 375, 378.

[84] Salgo, Pflegekindschaft und Staatsintervention, S. 387 m.w.N.

[85] Vgl. BVerfGE 79, S. 51, 65.

[86] Vgl. Roth, ZfJ 1987, S. 64, 65.

dem Kind erhebliche Nachteile drohen[87]. In erster Linie fallen unter diese Tatbestandsmerkmale, die an Stelle des Ersetzungsgrundes „Verwirkung der elterlichen Sorge" nach früherem Recht (§ 1676 a. F.) getreten sind, Straftaten gegen das Kind wie Sittlichkeitsdelikte, schwere Körperverletzungen bzw. ein Fehlverhalten, das einem kriminellen Vergehen gleichkommt, unabhängig davon, ob tatsächlich eine Verurteilung erfolgt ist oder nicht[88].

Tötet ein Elternteil den anderen, liegt hierin auch eine schwere Pflichtverletzung gegenüber dem Kind[89].

Anders ist der Fall zu beurteilen, wenn sich die Tat gegen den Liebhaber des anderen Elternteils richtet[90].

Neben einem gravierenden Fehlverhalten des Elternteils ist die Prognose erforderlich, daß das Kind infolge der Verfehlung des Elternteils voraussichtlich dauernd nicht dessen Obhut anvertraut werden kann. Hierbei ist auf die Umstände des Einzelfalles, insbesondere auf „Art und Schwere der Pflichtverletzung, der Persönlichkeit des Elternteils und der Gefahr weiterer Pflichtverletzungen" abzustellen[91].

## V. „besonders schwere psychische Krankheit oder geistige oder seelische Behinderung" (§ 1748 Abs. 3)

Mit § 1748 Abs. 3 besteht die Möglichkeit, die elterliche Einwilligung in die Adoption auch ohne Vorliegen eines elterlichen Versagens, bei Vorliegen objektiver Gründe zu ersetzen, wenn der entsprechende Elternteil aufgrund einer „besonders schweren psychischen Krankheit oder einer besonders schweren geistigen oder seelischen Behinderung zur Pflege und Erziehung des Kindes dauernd unfähig ist und wenn das Kind bei Unterbleiben der Annahme nicht in einer Familie aufwachsen könnte und dadurch in seiner Entwicklung schwer gefährdet wäre". Aufgrund der Tatsache, daß hier nicht an ein Fehlverhalten des Elternteils angeknüpft wird, und deshalb die Ersetzung eine besonders unzumutbare Härte darstellt, wird der mit der Ersetzung verbundene Eingriff in das Elternrecht nur als gerechtfertigt angesehen, wenn dem Schutzbedürfnis des Kindes ein höheres Gewicht zukommt als dem Elternrecht[92]. Die Ersetzung wird deshalb von sehr strengen und scharf umgrenzten Voraussetzungen abhängig gemacht[93].

[87] MüKo-Lüderitz § 1748 Rz. 20.
[88] Ebd.
[89] BayObLG FamRZ 1984, S. 937, 939; LG Essen, DAVorm 1979, S. 521, 525.
[90] BayObLG StAZ 1979, S. 13, 15.
[91] BT Drucks. 7/421 S. 8.
[92] Staudinger-Frank § 1748 Rz. 55.
[93] Soergel-Liermann § 1748 Rz. 23.

Während das AdoptRÄndG in Anknüpfung an § 1910 a. F. von einem schweren geistigen Gebrechen sprach, wurde im Zuge der Einführung des Rechtsinstitutes der Betreuung § 1748 Abs. 3 an die Tatbestandsmerkmale des § 1896 angepaßt, der regelt, unter welchen Voraussetzungen ein Volljähriger unter Betreuung gestellt werden kann[94]. Nach der Neufassung ist – in Anlehnung an § 1896 – Voraussetzung, das Vorliegen eines medizinischen Befundes in Form einer psychischen Krankheit oder seelischen oder geistigen Behinderung, der bei § 1748 Abs. 3 jedoch noch durch das Merkmal „besonders schwer" qualifiziert sein muß. Die in § 1748 Abs. 3 verwandten Begriffe sind funktional zu verstehen. Die Anomalien sind besonders schwer, wenn der entsprechende Elternteil durch sie erziehungsunfähig wird, was im Einzelfall unter Berücksichtigung von Art und Auswirkungen festgestellt werden muß[95]. Dieses ist der Fall, wenn die Störung den Elternteil zur Pflege und Erziehung selbst dann dauernd unfähig macht, wenn er – unter Berücksichtigung des Entwicklungstandes des Kindes – auch nicht mit Hilfe Dritter die Betreuung übernehmen und er für etwaige Mißgriffe bei der Ausübung der elterlichen Sorge nicht verantwortlich gemacht werden kann[96]. Nicht erforderlich ist jedoch, daß der Elternteil hierdurch geschäftsunfähig wird[97].

Genauso wie im Betreuungsrecht knüpfen die Tatbestandsmerkmale des § 1748 Abs. 3 an die gegenwärtige medizinische Fachterminologie an[98].

Der Begriff der „psychischen Krankheit" bezieht sich hierbei auf die anerkannten Krankheitsbilder der Psychiatrie. Diese unterscheidet insbesondere[99]:

- körperlich begründbare (exogene, organische) Psychosen
- körperlich nicht begründbare (endogene) Psychosen
- Psychopatien und Neurosen

Bei den körperlich begründbaren Psychosen dürfte in Anbetracht der Tatsache, daß in nicht wenigen Fällen ein Elternteil des Adoptivkindes alkohol- oder drogensüchtig ist, den durch Intoxination aufgrund von Medikamenten-, Alkohol-, oder Drogenabhängigkeit hervorgerufenen Psychosen (Delirien, Suchtzustände, Hirnschädigungen)[100] für den Anwendungsbereich von § 1748 Abs. 3 Bedeutung zukommen. Zumindest bei länger andauernden deliranten Zuständen wird hier der entsprechende Elternteil nicht mehr in der Lage sein, seine Betreuungs- und Erziehungsaufgaben wahrzunehmen.

[94] Vgl. BT-Drucks. 11/4528, S. 108.

[95] Vgl. hierzu die Ausführungen des BayObLG hinsichtlich der Voraussetzungen für die Einwilligungsersetzung bei geistigem Gebrechen, die hier entsprechend gelten, in: FamRZ 1984, S. 201, 202; BayObLGZ 1977, S. 148, 152; StZA 1977, S. 148, 152.

[96] Vgl. BayObLGZ 1977, S. 148, 152 (für schweres geistiges Gebrechen, siehe Fußn. 98).

[97] MüKo-Lüderitz § 1748 Rz. 22.

[98] So wohl auch BT-Drucks. 11/4528, S. 116 mit Aufzählung psychiatrischer Kategorien.

[99] Vgl. die Einteilung bei Huber, S. 30.

[100] Vgl. Huber, S. 100 ff.

Daneben sind ferner entzündliche Hirnerkrankungen (wie progressive Paralyse, schwere traumatische Hirnschädigungen wie Hirnquetschungen), Epilepsien sowie sonstige die Gehirntätigkeit beeinflussende Krankheitsentwicklungen (etwa psychopathologische Veränderungen aufgrund von Hirntumoren und ähnliche Prozesse) zu nennen[101].

Bei den körperlich nicht begründbaren (endogenen) Psychosen kommt im Zusammenhang mit einer Einwilligungsersetzung insbesondere den Erscheinungsformen der Schizophrenie[102] und den Zyklotymien[103] (manisch depressiven Erkrankungen) praktische Relevanz zu. In der Regel wird hierdurch eine Erziehungsunfähigkeit des entsprechenden Elternteils hervorgerufen, da eine solche Störung zu erheblichen seelischen und körperlichen Unausgeglichenheiten führt[104].

Vorsicht ist geboten bei der rechtlichen Bewertung von Psychopathien und Neurosen. Zum einen ist der Übergang zum Normalmaß menschlicher Unzulänglichkeiten fließend. Zum anderen bestehen bei der Diagnostik erhebliche Unsicherheiten[105]. Ähnlich wie im Strafrecht werden deshalb nur Zustände in Betracht kommen, die Krankheitswert von klinischem Ausmaß haben, d.h. das seelische Gefüge erschüttern oder destruieren[106].

Unter einer „seelischen Behinderung" versteht die Begründung des RegE zum BtG „bleibende psychische Beeinträchtigungen, die Folge von psychischen Krankheiten sind"[107]. Die Notwendigkeit der Aufnahme dieses in der Psychiatrie nicht verwandten Begriffes in das Gesetz erscheint sehr zweifelhaft, da Folgen psychischer Krankheiten sich ohnehin dem Krankheitsbegriff selbst zurechnen lassen.

Unter geistiger Behinderung versteht man nach dem RegE zum BtG „angeborene oder frühzeitig erworbene Intelligenzdefizite verschiedener Schweregrade"[108]. Gemeint sind hiermit alle Arten von Oligophrenien, egal welche Ursache diesen zugrundeliegt. Umfaßt werden angeborene Oligophrenie, genetisch oder chromosomal bedingte Oligophrenien (z. B. Down-Syndrom) sowie Schwachsinn als Folge körperlicher Krankheiten[109]. Während bei Oligophrenien leichten Grades (Debilität), bei der in der Regel eine Unabhängigkeit in praktischen und häuslichen Angelegenheiten erreicht wird, der entsprechende Elternteil in der Lage sein wird, dem Kind eine ausreichende Erziehung zumindest mit Hilfe Dritter zu geben, dürfte bei geistigen Unterentwicklungen mittleren und schweren Grades (Imbezillität und Idiotie) von einer

---

[101] Vgl. Huber, S. 107 ff.
[102] Vgl. Huber, S. 252 ff.
[103] Vgl. Huber, S. 170 ff.
[104] Vgl. MüKo-Lüderitz § 1748 Rz. 22.
[105] Vgl. Huber, S. 425 ff.
[106] Vgl. Huber, S. 668.
[107] BT-Drucks. 11/4528, S. 116.
[108] BT-Drucks. 11/4528; S. 116.
[109] MüKo-Schwab § 1896 Rz. 14.

Erziehungsunfähigkeit ausgegangen werden[110]. Personen mit solchen Behinderungen sind zumeist zu keiner selbständigen Lebensführung und Erwerbstätigkeit in der Lage und deshalb bei ihrer Lebensgestaltung auf die ständige Hilfe Fremder angewiesen.

Neben der dauerhaften Erziehungsunfähigkeit aufgrund einer psychischen Krankheit oder seelischen oder geistigen Behinderung ist notwendig, daß „das Kind bei Unterbleiben der Annahme nicht in einer Familie aufwachsen könnte und dadurch in seiner Entwicklung schwer gefährdet wäre". Die Ersetzung der Einwilligung der leiblichen Eltern scheidet deshalb aus, wenn das Kind bei dem anderen Elternteil, bei Verwandten oder Pflegeeltern aufwachsen kann[111].

Bei einem drohenden Heimaufenthalt kann ebenfalls bei größeren Kindern von der Ersetzung abgesehen werden, während bei kleineren Kindern die Heimunterbringung stets schwere Schädigungen mit sich bringt und deshalb die Einwilligung durch das Vormundschaftsgericht zu ersetzen ist[112].

## D. Das Verhältnis von § 1748 zu § 1632 Abs. 4 und § 1666

Bevor der Schritt einer Adoption eines Pflegekindes ins Auge gefaßt wird, ist in den meisten Fällen zuvor bereits eine Verbleibensanordnung nach § 1632 Abs. 4 und/oder ein Sorgerechtsentzug nach § 1666 erfolgt. Die mangelnde Abstimmung dieser drei Vorschriften durch den Gesetzgeber wirft in der Praxis jedoch viele Probleme auf. Nicht zuletzt hieraus resultiert überhaupt die Frage, ob § 1748 den spezifischen Anforderungen, die sich für den Fall der Adoption des Pflegekindes durch seine Pflegeeltern ergeben, gerecht wird. In der folgenden Bearbeitung soll deshalb das Verhältnis von § 1748, §1632 Abs. 4 und § 1666 näher untersucht werden.

### I. § 1748 im Verhältnis zu § 1632 Abs. 4

Eine Adoption des Pflegekindes wird zumeist erst ins Auge gefaßt, wenn es schon seit Jahren in der Pflegefamilie lebt und positive Bindungen zu den Pflegeeltern entstanden sind. In der Regel sind hier bereits die Voraussetzungen des § 1632 Abs. 4 erfüllt. Hiernach kann das Vormundschaftsgericht auf Antrag der Pflegeeltern oder von Amts wegen anordnen, daß das Kind bei den Pflegeeltern verbleibt, wenn insbesondere im Hinblick auf Anlaß und Dauer der Familienpflege ein Herausgabeverlangen die Voraussetzungen des § 1666 erfüllen würde. Sinn und Zweck der Regelung, die durch die Rechtsprechung

---

[110] Vgl. Huber, S. 553.

[111] Soergel-Liermann § 1748 Rz. 23.

[112] Finger FuR 1990, S. 183, 191.

der BVerfG näher konkretisiert wurde[113], ist der Schutz des Pflegekindes gegen eine unvermittelte Herausnahme aus seinen familiären und persönlichen Beziehungen, durch die das Kind schweren Schaden an Leib und Seele nehmen kann[114]. Abzustellen ist deshalb – unabhängig von einem elterlichen Verschulden – ausschließlich auf das Wohl des Kindes, ob nämlich „eine schwere nachhaltige Schädigung des körperlichen und geistigen Wohlbefindens des Kindes bei seiner Herausgabe an die leiblichen Eltern zu erwarten ist“[115].

Im Gegensatz hierzu stellt § 1748 mit Ausnahme des Abs. 3 nur auf ein Fehlverhalten der leiblichen Eltern ab und läßt eine Ersetzung der Einwilligung in die Adoption nur aufgrund der Belange des Kindes nicht zu[116].

Hieraus ergibt sich in vielen Fällen, in denen kein elterliches Fehlverhalten vorliegt, jedoch eine Eltern-Kind-Beziehung zu den Pflegeeltern entstanden ist, die in Kapitel 1 beschriebene Situation. Das Kind ist aufgrund einer Verbleibensanordnung dauerhaft den Pflegeeltern zugeordnet, in rechtlicher Hinsicht bleiben jedoch die leiblichen Eltern die Eltern des Kindes. Diese „Lücke“ zwischen § 1748 und § 1632 Abs. 4 hat der Gesetzgeber bei Abfassung von § 1748 in seiner heutigen Formulierung wohl nicht erkannt, erfolgte diese bereits vier Jahre vor der Einführung von § 1632 Abs. 4 in das BGB[117].

## II. Das Verhältnis von § 1748 zu § 1666

In vielen Fällen liegt bei der Adoption des Pflegekindes ein Sorgerechtsentzug der leiblichen Eltern vor. Oftmals erfolgt ein solcher bereits bei der Trennung von der leiblichen Familie. Auch nach einer Fremdplazierung in einer Pflegefamilie ist ein solcher noch möglich. Zwar ist aus Gründen der Verhältnismäßigkeit zu überlegen, ob eine Gefährdung des Kindeswohls durch eine Verbleibensanordnung nach § 1632 Abs. 4 abgewendet werden kann. Jedoch läßt eine solche das Personensorgerecht der Eltern im übrigen unberührt. Diese können jederzeit wieder in das Pflegeverhältnis „hineinregieren“ und ihre Befugnisse zu sogenannten „Störfeuern“ nutzen[118]. Als Beispielsfälle sind hier die Abmeldung von der Schule und die Verzögerung einer notwendigen Heilbehandlung durch Nichttätigwerden zu nennen. In einem solchen Fall wird der in § 1666 a ausdrücklich normierte Verhältnismäßigkeitsgrundsatz durch einen Sorgerechtsentzug nicht tangiert, da hier eine Verbleibensanordnung nicht ausreicht, um die Gefahr für das Kindeswohl abzuwehren.

---

[113] Vgl. Kapitel 1 B II 2.

[114] MüKo-Hinz § 1632 Abs. 4 Rz. 17.

[115] BVerfG NJW 1985, S. 423.

[116] Vgl. Kapitel 4 C.

[117] § 1748 wurde durch das AdoptG von 1976 in seiner jetzigen Form in das BGB eingeführt, § 1632 Abs. 4 durch das SorgerechtsändG von 1980.

[118] Vgl. Kapitel 1 B III.

Wenig überzeugend erscheint die Forderung, bei einem Dauerpflegeverhältnis in der Regel die Personensorge nach § 1666 zu entziehen, mit dem Ziel diese auf die Pflegeeltern zu übertragen[119]. Eine solche Übertragung ist gegen den Willen der Eltern nur durch einen Sorgerechtsentzug und eine nachfolgende Bestellung der Pflegeeltern zum Vormund möglich. Das Institut der Vormundschaft ist nicht dazu konzipiert, daß es mit der sozialen Elternschaft des Amtsinhabers zusammenfällt[120]. Das BGB nimmt ein solches Zusammenfallen der Rolle des Vormunds mit der von Pflegeeltern gar nicht zur Kenntnis, privilegiert die Pflegeeltern als Vormund an keiner Stelle. Auch ist eine Bestellung von Pflegeeltern zum Vormund nicht in jedem Fall eine interessengerechte Lösung. Oftmals kommt z. B. gerade bei Innehabung der elterlichen Sorge durch eine dritte Person wie im Falle der Amtsvormundschaft, dieser die Funktion eines Vermittlers zwischen Eltern und Pflegeeltern oder eines „Sündenbocks“ zu, der Eltern und Pflegeeltern zu solidarisieren vermag, was sich auf das Pflegeverhältnis durchaus positiv auswirken kann. Somit kann ein Entzug der elterlichen Sorge mit dem Ziel, diese auf die Pflegeeltern zu übertragen, keinesfalls den Regelfall darstellen.

Hat ein Sorgerechtsentzug nach § 1666 stattgefunden, so macht dieser Schritt die Einwilligung der Eltern in eine Adoption des Kindes noch nicht überflüssig. Anders als bei einem Entzug der elterlichen Sorge wird bei einer Ersetzung der Einwilligung leiblicher Eltern in die Adoption ihres Kindes das Elternrecht nicht nur in seiner Ausübung beschränkt, sondern vielmehr in seiner Substanz entzogen. Aufgrund dieses weiter reichenden Grundrechtseingriffes ist die Eingriffsschwelle bei § 1748 höher als bei § 1666[121]. Erfaßt werden nur Fälle eines „besonders schwerwiegenden, vollständigen und dauernden Versagens leiblicher Eltern in ihrer Verantwortung dem Kinde gegenüber“[122]. Die Ersetzung ist deshalb an spezielle in § 1748 geregelte Voraussetzungen geknüpft, die nach einem Entzug der elterlichen Sorge stets noch gesondert festzustellen sind[123]. Während § 1666 bereits jedes Verhalten als ausreichend ansieht, das zu einer Kindesgefährdung führt – mithin also das Merkmal der Kindesgefährdung entscheidend ist für eine staatliche Intervention[124] – ist eine Einwilligungsersetzung nur möglich, wenn ein in § 1748 beschriebenes qualifiziertes Versagen der Eltern in Form einer anhaltend gröblichen bzw. besonders schweren Pflichtverletzung oder einer Gleichgültigkeit gegenüber dem Kind vorliegt[125].

---

119 Siedhoff FamRZ 1995, S. 1254, 1255.

120 Vgl. Salgo, Pflegekindschaft und Staatsintervention, S. 389 ff.

121 OLG Hamm ZfJ 1984, S. 364, 366; OLG Frankfurt FamRZ 1983, S. 531; AG Kerpen ZfJ 1985, S. 470, 471; Staudinger-Coester § 1666 Rz. 52; MüKo-Lüderitz § 1748 Rz. 5.

122 BVerfG FamRZ 1968, S. 578, 585.

123 Staudinger-Coester § 1666 Rz. 52.

124 Staudinger-Coester § 1666 Rz. 70.

125 Vgl. Kapitel 4 E.

Trotz übereinstimmender Zielrichtung, Kinder vor Schädigungen für ihre seelische und geistige Entwicklung zu schützen[126], sind somit die Eingriffschwelle und der Prüfungsschwerpunkt der Interventionsvoraussetzungen von § 1666 und § 1748 verschieden. Während bei § 1666 in erster Linie eine Gefährdung des Kindeswohls als Voraussetzung für einen Eingriff entscheidend ist, richtet sich ein solcher bei § 1748 nach dem Grad elterlichen Versagens gegenüber dem Kind. Denkbar und in der Praxis nicht selten sind daher Fälle, in denen ein Sorgerechtsentzug nach § 1666 gerechtfertigt ist, die Voraussetzungen für §1748 jedoch noch nicht gegeben sind[127]. Im Ergebnis wird hierdurch eine Gruppe von Kindern geschaffen, denen die leiblichen Eltern möglicherweise für immer genommen worden sind, denen aber vollwertige Ersatzeltern auf Dauer verweigert werden.

# E. Was „leistet" § 1748 nach seiner derzeitigen Auslegung für den Fall der Adoption des Pflegekindes durch die Pflegeeltern

## I. Allgemeines

Anliegen des AdoptRÄndG und dessen Neuregelung von § 1747 Abs. 3 a. F. war insbesondere ein verbesserter Schutz der von ihren Eltern oftmals schlicht vernachlässigten Heim- und Pflegekindern[128].

Wenige Jahre nach Erlaß dieses Gesetzes wurden bereits Zweifel daran laut, daß dieser Zweck vom Gesetzgeber erreicht worden sei.

Gernhuber[129] und Barth[130] kritisierten vor allem eine Flut unbestimmter Rechtsbegriffe, die auf ein „gerüttelt Maß an Entschlußlosigkeit"[131] des Gesetzgebers hindeuteten und den verschiedensten Weltanschauungen „Tür und Tor" öffneten. Was die Praxis brauche, seien „klare Tatbestände, die deutlich zu belegen sind"[132].

Oberloskamp[133] wies in ihrer hilfreichen Veröffentlichung insbesondere auf die zögerliche Haltung vieler Jugendämter und Gerichte, eine Einwilligung bei

[126] Vgl. BT Drucks. 7/421 S. 5 u. 9 für § 1748; BT-Drucks. 8/ 2788 S. 39 u. 59 für § 1666.

[127] Fallbeispiele: OLG Hamm ZfJ 1984, S. 364; OLG Frankfurt FamRZ 1983, S. 531; AG Kerpen ZfJ 1985, S. 470.

[128] Vgl. BT Drucks. 421/7 S. 8.

[129] Gernhuber, S. 93.

[130] Barth ZfJ 1985, S. 347, 354.

[131] Gernhuber, S. 93.

[132] Barth ZfJ 1985, S. 347, 354.

[133] Oberloskamp ZBlJugR 1980, S. 581.

bloßer Teilnahmslosigkeit zu ersetzen, und auf die divergierende Rechtsprechung zu § 1748 hin[134].

Auch heute fällt Gerichten und Jugendämtern der Umgang mit § 1748 oftmals sehr schwer. Noch immer ist vielfach die Ansicht verbreitet, eine Einwilligungsersetzung der leiblichen Eltern in die Adoption sei nur bei einem aktiven Fehlverhalten der Eltern zu rechtfertigen. Oftmals verbergen sich hierhinter Angst und Unbehagen der zur Entscheidung Berufenen vor einem „übermächtigen Staat, der den Eltern die Kinder wegnimmt". Gerade in den letzten Jahren hat diese Angst durch die Kenntnisse der „Zwangsadoptionen" in der ehemaligen DDR neuen Nährboden gefunden. Ersetzungsprozesse sind nicht zuletzt deshalb auch heute noch sehr langwierig und oftmals nicht vom Erfolg gekrönt. Einige Fälle, bei denen weder Gleichgültigkeit vorliegt oder ein sonstiges Fehlverhalten i. S. von § 1748 gegeben ist, die Spaltung zwischen tatsächlicher und rechtlicher Elternschaft jedoch auch nur schwer nachvollziehbar ist, sind mit den bestehenden Instrumentarien gar nicht zu lösen, wie z. B. eine Einwilligungsersetzung nach einer freiwilligen Weggabe in eine Pflegefamilie, bei der keine Verletzung der elterlichen Pflichten vorlag. Vielfach wurde deshalb die Feststellung laut, daß § 1748, zumindest was den Fall der Adoption eines Pflegekindes durch seine Pflegeeltern anbelangt, reformbedürftig sei[135].

Um dieser Frage genauer nachzugehen, soll in der weiteren Bearbeitung festgestellt werden, was die einzelnen Tatbestandsalternativen des § 1748 für den Fall der Adoption des Pflegekindes durch die Pflegeeltern „leisten". Aus Gründen der Übersichtlichkeit der Darstellung sollen hierbei, die von § 1748 geregelten Fallkonstellationen in problemspezifischen Fallgruppen zusammengefaßt behandelt werden.

## II. Die Ersetzung der Einwilligung in die Adoption des Pflegekindes bei Pflichtverletzungen der Eltern gegenüber dem Kind

Unter den Begriff der Pflichtverletzung leiblicher Eltern gegenüber ihrem Kind fallen die Fallkonstellationen der „besonders schweren Pflichtverletzung" nach § 1748 Abs. 1 S. 2 und der „anhaltend gröblichen Pflichtverletzung" nach Abs. 1 S. 1 (wie z. B. Straftaten gegenüber dem Kind, körperliche bzw. seelische Mißhandlung, Gefährdung des Kindeswohls durch sozialmißbilligten Lebenswandel oder Verletzung der Unterhaltspflicht)[136]. Bei vielen Pflegekindern ist es vor der Fremdplazierung in einer Pflegefamilie zu solchen Verlet-

---

[134] Oberloskamp, a.a.O., S. 588/589.

[135] Antrag der SPD Fraktion, BT Drucks. 12/4024, S. 14 = DAVorm 1993, S. 625, 632; Frankf. Komm. zum KJHG § 36 KJHG Rz. 4; Gawlitta, Anmerkung zu Beschluß des BVerfG vom 20. 1. 1987 – 1 BvR 735/86, FamRZ 1988, S. 807, 808; wohl auch Schwab, 54. DJT, A. 133; vgl. auch Salgo, Pflegekindschaft und Staatsintervention, S. 377.

[136] Siehe Kapitel 4 C.

zungen der elterlichen Pflichten gekommen. Pflegekinder kommen häufig aus sehr schlechten sozialen Verhältnissen[137], in denen es nicht selten zu körperlichen bzw. seelischen Mißhandlungen kam[138]. Nicht selten liegt bei den leiblichen Eltern ein sozial mißbilligter Lebenswandel wie Prostitution oder Drogenabhängigkeit[139] vor. Auch häufige Fremdplazierungen des Kindes aufgrund eines vorhergehenden Sorgerechtsentzuges nach § 1666[140] lassen auf eine Pflichtverletzung der Eltern nach § 1748 schließen, wobei jedoch zu bemerken ist, daß die Voraussetzungen von § 1748 und § 1666 verschieden hoch sind[141].

Obwohl bei vielen Pflegeverhältnissen ein Tatbestand vorhanden sein dürfte, der eine Einwilligungsersetzung wegen „anhaltend gröblicher Pflichtverletzung" bzw. „besonders schwerer Pflichtverletzung" rechtfertigt, lassen sich Ersetzungsprozesse in der Praxis hierauf oftmals nicht stützen. Grund hierfür ist die in diesem Zusammenhang recht schwierige Tatsachenfeststellung. Pflichtverletzungen spielen sich häufig innerhalb der Familie ohne Zeugen ab, und selbst wenn Nachbarn u. a. hiervon etwas mitbekommen haben, so läßt sich durch deren Aussage zumeist nicht die Intensität der Pflichtverletzung beweisen. Insbesondere wenn solche längere Zeit zurückliegen, ist es dem Antragsteller oftmals unmöglich, hierfür den Beweis anzutreten, wie z. B. durch ein ärztliches Attest, das über körperliche Mißhandlungen Auskunft gibt. Erschwerend kommt hier noch die Haltung vieler Vormundschaftsgerichte hinzu. Zwar sind diese im Gegensatz zur Teilnahmslosigkeit bei bewiesener Pflichtverletzung nicht zögerlich, die Einwilligung in die Adoption zu ersetzen. Jedoch werden bzgl. des Beweises oftmals sehr hohe Anforderungen gestellt, die zuweilen an die Beweiserhebung im Strafprozeß erinnern: Solange das Fehlverhalten der Eltern nicht eindeutig bewiesen ist, wie z. B. durch ein ärztliches Attest bei körperlicher Mißhandlung, wird von deren Wohlverhalten ausgegangen. Auch hierhinter dürfte sich die Angst vieler zur Entscheidung Berufener verbergen, durch die Wegnahme des Kindes in das verfassungsrechtlich geschützte Elternrecht in schwerwiegender Weise einzugreifen.

## III. Die Ersetzung der Einwilligung leiblicher Eltern in die Adoption des Pflegekindes bei Gleichgültigkeit am Kind und dessen Entwicklung

Liegt keine Pflichtverletzung der leiblichen Eltern dem Kind gegenüber vor oder läßt sich eine solche nicht beweisen, verbleibt nur die Möglichkeit, die

[137] Siehe Kapitel 1 C I.

[138] Zum Zusammenhang zwischen Gesellschaftsschicht und der Mißhandlung von Kindern siehe Zenz, Kindesmißhandlung, S. 231 ff.

[139] Vgl. Dührssen, S. 22.

[140] Nach Junker u. a. fand bei 29 % der Pflegekinder ein vorhergehender Sorgerechtsentzug nach § 1666 statt, Junker u. a., S. 26.

[141] OLG Frankfurt FamRZ 1983, S. 531.

elterliche Einwilligung in die Adoption wegen Gleichgültigkeit am Kind und dessen Entwicklung durch das Vormundschaftsgericht ersetzen zu lassen.

In der Praxis werden von den Jugendämtern Ersetzungsprozesse oftmals, nicht zuletzt wegen der Unmöglichkeit des Beweises einer Pflichtverletzung, auf diese Tatbestandsalternative gestützt[142].

Tatsächlich dürften auch bei nicht wenigen Fällen die Voraussetzungen hierfür gegeben sein. Insbesondere, wenn ein Kind nach einem vorhergehenden Sorgerechtsentzug nach § 1666 in einer Pflegefamilie fremdplaziert wurde, sind die Eltern oder was zumeist der Fall ist, die nichteheliche Mutter, häufig nicht bereit, den erforderlichen Kontakt aufrechtzuerhalten – das Kind hat sich für sie erledigt[143].

Viele Vormundschaftsgerichte sind jedoch hier immer noch sehr zögerlich, die Einwilligung zu ersetzen, und verlangen vielmehr bei einer Vernachlässigung des Kindes gleichzeitig eine anhaltend gröbliche Pflichtverletzung[144]. Trotz der Reform des Adoptionsrechts durch die Einführung des Tatbestandsmerkmals der Gleichgültigkeit, die insbesondere dem verbesserten Schutz der Heim- und Pflegekinder dienen sollte, haben Vormundschaftsrichter oftmals noch unbewußte Skrupel, ein schuldhaftes Unterlassen zum Anlaß zu nehmen, Eltern ihre Kinder ganz wegzunehmen. Auffällig hieran ist, daß Amtsgerichte, die am „Fall näher dran" sind, eher die erforderliche Bereitschaft aufbringen, die elterliche Einwilligung wegen Gleichgültigkeit zu ersetzen, als Gerichte höherer Instanz[145].

Für die Pflegeeltern und das Pflegekind ergibt sich hieraus oftmals die traurige Konsequenz, daß Einwilligungsersetzungen in der Beschwerdeinstanz wieder aufgehoben werden und diese Auslegungspraxis, die nicht zuletzt durch die Formulierung des Gesetzgebers (Wahl unbestimmter Rechtsbegriffe), nahezu einlädt, durch alle Instanzen zu gehen. Ersetzungsprozesse sind in der Praxis deshalb sehr langwierig, bieten kaum Rechtssicherheit und bedeuten für alle Beteiligten eine starke Belastung[146]. Auch die Handhabung des Ersetzungsgrundes der Gleichgültigkeit stößt in der Praxis oftmals auf große Schwierigkeiten[147]. Insbesondere die Abgrenzung zur „anhaltend gröblichen Pflichtverletzung" bereitet nicht wenigen Praktikern Probleme. Die vom BayObLG entwickelten[148], überzeugenden und sehr praktikablen Abgrenzungskriterien hierzu, haben sich nicht allgemein durchgesetzt, so daß es in der Anwendung

---

142 Nach meinen Gesprächen mit der Leiterin der Adoptionsstelle beim Berliner Senat für Jugend und Familie, Frau Kannenberg, werden von 100 Adoptionen 4 Einwilligungen wegen einer Pflichtverletzung und 12 wegen Gleichgültigkeit ersetzt.

143 Siehe Kapitel 2 C.

144 Zu den Gründen siehe Kapitel 4 D I.

145 Vgl. bereits K. Oberloskamp FamRZ 1973, S. 286, 288 ff.; H. Oberloskamp ZBlJugR 1980, S. 581, 597.

146 Siehe bereits Kapitel 1 D II 4.

147 Vgl. Gawlita ZfJ 1988, S. 110.

148 BayObLG FamRZ 1982, S. 1129, 1130.

oftmals zu einer Verwischung und Überlappung beider Tatbestandsalternativen kommt. Infolge dessen ist ein sinnvoller Umgang mit der nach Abs. 2 bei „Gleichgültigkeit“ erforderlichen Beratungspflicht nicht gewährleistet. Jugendämter führen deshalb häufig prophylaktisch eine Beratung nach § 51 KJHG durch, da für sie nicht erkennbar ist, ob das Verhalten der Eltern als Pflichtverletzung oder als „Gleichgültigkeit“ gewertet wird, obwohl eine solche sinnlos ist und die Sachentscheidung nur unnötig hinauszögert. Hierzu kommen in der Sache selbt angelegte Zwangsläufigkeiten. Leibliche Eltern können eine Ersetzung wegen „Gleichgültigkeit“ abwenden, wenn sie nach der Belehrung und Beratung ihr Verhalten ändern. Oftmals führt dies dazu, daß die Eltern kurz vor Stellung des Antrages auf Ersetzung der Einwilligung, ein wahres „Strohfeuer“ von Zuneigung gegenüber dem Kind entfachen, das sich, nachdem entweder von der Stellung des Antrages abgesehen wurde oder das Gericht diesen abgewiesen hat, wieder in die alte Gleichgültigkeit verwandelt[149]. Der Gesetzgeber dürfte deshalb seinen durch die Einführung des Tatbestandsmerkmals der „Gleichgültigkeit“ verfolgten Zweck, den verbesserten Schutz des Heim – und Pflegekindes, verfehlt haben.

## IV. Die Ersetzung der elterlichen Einwilligung in die Adoption des Pflegekindes bei besonders schwerer psychischer Krankheit oder geistiger oder seelischer Behinderung

Der Ersetzungstatbestand der elterlichen Einwilligung wegen besonders schwerer psychischer Krankheit oder geistiger oder seelischer Behinderung spielt im Zusammenhang mit der Adoption eines Pflegekindes durch seine Pflegeeltern nur eine untergeordnete Rolle. Zwar sind bei einigen leiblichen Eltern von Pflegekindern seelische Anomalien vorhanden[150], jedoch dürfte nur in sehr wenigen Fällen die Kausalität bzgl. einer dauerhaften Erziehungsunfähigkeit festgestellt werden können. Über dies hinaus scheidet diese Tatbestandsalternative bei allen Fallkonstellationen aus, in denen die Pflegeeltern auch ohne Adoption bereit sind, das Kind weiterhin bei sich zu behalten. Hier fehlt es an dem Merkmal der schweren Gefährdung des Kindes in seiner Entwicklung, wenn es bei Unterbleiben der Annahme nicht in einer Familie aufwachsen könnte[151]. In den meisten Fällen, bei denen Pflegeeltern den Schritt ins Auge fassen, das Kind zu adoptieren, haben sich jedoch solche Bindungen herausgebildet, daß diese auch bei Fehlschlagen der Adoption das Kind nicht wieder weggeben. Die Adoption stellt hier nichts weiter dar als die rechtliche Fassung eines bereits schon faktisch bestehenden „Zustandes“.

---

[149] Vgl. Arndt-Schweitzer ZBlJugR 1974, S. 201, 205.
[150] Vgl. Dührssen, S. 65.
[151] Vgl. Kapitel 4 C V.

Für § 1748 Abs. 3 dürfte deshalb bzgl. des Falles der Adoption eines Pflegekindes durch seine Pflegeeltern nur ein sehr geringer Anwendungsbereich verbleiben.

## V. Verbleibende Fälle, die von § 1748 nicht geregelt werden

§ 1748 verlangt für die Einwilligungsersetzung der leiblichen Eltern ein Fehlverhalten gegenüber dem Kind in Form einer „Gleichgültigkeit" oder einer qualifizierten Verletzung der elterlichen Pflichten. Denkbar und in der Praxis nicht selten, sind jedoch Fälle, bei denen ein solches Fehlverhalten nicht vorliegt, jedoch eine Spaltung zwischen tatsächlicher und rechtlicher Elternschaft für die Pflegeeltern und das Kind nicht weniger Probleme aufwirft, als bei den von § 1748 geregelten Fällen.

In diesem Zusammenhang seien als erste die Fälle genannt, in denen die Fremdplazierung auf freiwilliger Basis, also nicht nach einem Entzug der elterlichen Sorge nach § 1666, erfolgte. Auch hier können insbesondere, wenn das Kind bei der Unterbringung in der Pflegefamilie recht jung war, zu den Pflegeeltern Eltern-Kind-Beziehungen entstehen, während die leiblichen Eltern vom Kind nur als außenstehende Fremde wahrgenommen werden. Hier ergibt sich für die Beteiligten die Situation, daß aufgrund des von einem elterlichen Fehlverhalten unabhängigen § 1632 Abs. 4, das Kind zwar nicht an die leiblichen Eltern herausgegeben werden muß, wegen des Nichtvorhandenseins eines elterlichen Versagens, wenn z. B. die Eltern auch nach der Fremdplazierung noch weiterhin Kontakte mit dem Kind aufrechterhalten, so daß ihnen auch nachträglich nicht der Vorwurf der Gleichgültigkeit gemacht werden kann, eine Adoption ausscheidet. Auf die Belastungen eines solchen „Zustandes" zwischen zwei Familien für alle Beteiligten, in erster Linie jedoch für das Pflegekind, dessen Rechtsstellung völlig unsicher ist, wurde in Kapitel 1 C ausführlich hingewiesen.

Eine weitere Fallkonstellation, die mit den bereitstehenden Instrumentarien nicht zu einer zufriedenstellenden Lösung gereicht, resultiert aus der unterschiedlichen Höhe der Anforderungen, die bei § 1748 und § 1666 an das elterliche Versagen gestellt werden. Aufgrund des weiterreichenden Eingriffes in das Elternrecht sind die Voraussetzungen bei § 1748 höher als bei § 1666[152]. Erfaßt werden „nur Fälle eines besonders schwerwiegenden und vollständigen Versagens der Eltern gegenüber dem Kind"[153]. Hat nun das Fehlverhalten der Eltern zu einem Sorgerechtsentzug nach § 1666 und zu einer Unterbringung in einer Pflegefamilie geführt, reicht dieses aber für eine Ersetzung nach § 1748 nicht aus, so besteht für die Pflegeeltern keine Möglichkeit, das Kind zu adoptieren. Besonders mißlich ist die Situation, wenn die Voraussetzungen für eine Einwilligungsersetzung bei der Fremdplazierung vom Jugendamt falsch be-

[152] Vgl. OLG Frankfurt FamRZ 1983, S. 531.

[153] BVerfG FamRZ 1968, S. 578 ff.; FamRZ 1977, S. 415, 418; OLG Hamm FamRZ 1976, S. 462, 464.

wertet wurden und den Pflegeeltern die Hoffnung auf eine spätere Adoption gemacht wurde[154]. Hier besteht nur die vage Möglichkeit einer Einwilligungsersetzung wegen Teilnahmslosigkeit, wenn die leiblichen Eltern nach der Fremdplazierung keinen Kontakt mehr mit dem Kind halten. Ansonsten scheidet auch hier eine Adoption des Kindes aus.

## VI. Ergebnis und Schlußfolgerungen

Im Ergebnis ist festzuhalten, daß die derzeitigen Ersetzungsmöglichkeiten der elterlichen Einwilligung für den Fall der Adoption des Pflegekindes durch die Pflegeeltern oftmals keine zufriedenstellenden Lösungen bieten.

Der Umgang mit § 1748 fällt in der Praxis oftmals nicht leicht. Insbesondere die Schwierigkeit des Beweises eines elterlichen Fehlverhaltens und die Zögerlichkeit vieler zur Entscheidung Berufener, Ersetzungsentscheidungen zu vertreten, lassen nicht zuletzt viele Verfahren scheitern oder ziehen sie zumindest in die Länge. Der Gesetzgeber hat durch seine Formulierung von § 1748 nicht gerade dazu beigetragen, in diesem Zusammenhang für Klarheit und Rechtssicherheit zu sorgen. Insbesondere die Verwendung unbestimmter Rechtsbegriffe verlagert die Entscheidung auf die Gerichte und bietet den verschiedensten Weltanschauungen Raum, die unterschiedlicher als hier kaum sein können. Oftmals ist deshalb bei der Antragstellung nicht abzusehen, welchen Verlauf ein Ersetzungsprozeß nehmen wird und wann mit einer endgültigen Entscheidung zu rechnen ist. Häufig scheitern Adoptionen deshalb schon im Vorfeld, da Jugendämter Pflegeeltern oftmals abraten, diesen unsicheren und für alle Beteiligten mit großen Belastungen verbundenen Schritt zu tun.

Darüber hinaus bietet § 1748 für bestimmte Fallkonstellationen nur einen geringen Anwendungsbereich (§ 1748 Abs. 3, siehe Kapitel 4 D IV) bzw. bereitet überhaupt keine Abhilfe (siehe Kapitel 4 D V).

§ 1748 wird deshalb den Anforderungen, die sich für den Fall der Adoption des Pflegekindes durch die Pflegeeltern stellen, nicht gerecht.

Die eigentliche Problematik in diesem Zusammenhang erschöpft sich jedoch auch nicht in einer Feststellung und Bewertung eines elterlichen Fehlverhaltens. Diese liegt hier vielmehr in den neu entstandenen Eltern-Kind-Beziehungen zwischen den Pflegeeltern und dem Kind begründet, die im Gesetz nur eine unzureichende Absicherung finden. § 1632 Abs. 4 ist hierbei als erster Schritt zu verstehen, diesen faktischen Eltern-Kind-Beziehungen Rechnung zu tragen. In seiner Konsequenz führt er jedoch zu dem paradoxen Ergebnis, einer Spaltung zwischen tatsächlicher und rechtlicher Elternschaft (wie sie schon in Kapitel 1 beschrieben wurde). Die Adoption des Pflegekindes ist vielfach nur die logische Folge der durch eine Verbleibensanordnung nach § 1632 Abs. 4 geschaffenen Situation. Fraglich erscheint daher, ob § 1632 Abs. 4 weitergedacht werden sollte, wenn in der Familie eine Adoptionsmöglichkeit besteht[155].

[154] Vgl. Staudinger-Frank § 1748 Rz. 50.

[155] Vgl. Gawlitta FamRZ 1988, S. 807, 808.

Eine Lösung dieses Problems sollte und kann nur der Gesetzgeber erreichen. Eine Änderung der bestehenden Auslegung von § 1748 dürfte seine Grenzen an dem auf ein elterliches Fehlverhalten abstellenden Wortlaut finden. Eine Ausweitung der bestehenden Ersetzungstatbestände würde hierbei dem eigentlichen Problem der Adoption des Pflegekindes durch seine Pflegeeltern – dem Bestehen faktischer Eltern-Kind-Beziehungen, die im Gesetz nur eine unzureichende Absicherung finden – nicht gerecht werden. Im übrigen dürfte es auch schwer sein und lange Zeit dauern, die Einstellung von Jugendämtern und Gerichten nachhaltig zu ändern. Hier ist vielmehr der Gesetzgeber gefragt, für Klarheit zu sorgen und Zweifel zu beseitigen und sein ursprüngliches Ziel, den verbesserten Schutz des Pflegekindes, in die Tat umzusetzen, will er sich nicht weiterhin der Kritik aussetzen, sich der Verantwortung zu entziehen. Auch aus verfassungsrechtlichen Gründen ist die Beschäftigung des Gesetzgebers mit dieser Frage zumindest wünschenswert. Wesentliche Fragen erfordern in einem demokratischen Rechtsstaat der parlamentarischen Absicherung durch ein Gesetz[156]. Als wesentlich sind insbesondere Fragen anzusehen, die den grundrechtsrelevanten Bereich betreffen. Grundrechtliche „Gemengelagen" sind in erster Linie vom Gesetzgeber zu lösen[157]. Die Frage der Ersetzung der Einwilligung leiblicher Eltern in die Adoption des Pflegekindes berührt die verfassungsrechtlich geschützten Interessen der leiblichen Eltern (aus Art. 6 Abs. 1 und Abs. 2 GG)[158], des Kindes (aus Art. 1 Abs. 1 und Art. 2 Abs. 1 GG)[159] und der Pflegeeltern (aus Art. 6 Abs. 1 GG)[160]. Hierbei handelt es sich um eine typische grundrechtliche „Gemengelage". Der Gesetzgeber hat eine umfassende Abwägung dieser Positionen bisher nicht vorgenommen. Insbesondere die Stellung der Pflegeeltern wurde in den Begründungen zum AdopRÄndG und AdoptG nicht erwähnt. Somit kommt ihm die Aufgabe zu, sich dieser Frage anzunehmen. Die Möglichkeit einer befriedigenden gesetzlichen Regelung wird hierbei in erster Linie durch das Verfassungsrecht und die Gewichtung und Abwägung der grundrechtlich geschützten Interessen der leiblichen Eltern, des Pflegekindes und nicht zuletzt der Pflegeeltern bestimmt werden.

In der weiteren Bearbeitung soll insbesondere die Frage der Gewichtung und Abwägung der an diesem Prozeß Beteiligten genau behandelt und im Anschluß daran ein Vorschlag einer möglichen Neuregelung unterbreitet werden, soweit dies das Verfassungsrecht zuläßt.

---

[156] Pieroth-Schlink Rz. 286 ff.

[157] Vgl. BVerfGE 83, S. 130, 142/143; BVerfGE 47, S. 46, 79.

[158] Vgl. Staudinger-Frank § 1748 Rz. 6 m.w.N.

[159] Vgl. Staudinger-Frank § 1748 Rz. 8 m.w.N.

[160] Durch ein Unterbleiben der Adoption ist das Recht der Pflegeeltern betroffen, da die Anerkennung einer verfassungsgeschützten Pflegefamilie (siehe BVerfG NJW 1985, S. 423, 424) auch die Anerkennung entsprechender Elternrechte voraussetzt, vgl. Roth ZfJ 1987, S. 64, 66.

# 5. Kapitel
# Die Rechtslage im europäischen Ausland

## A. Schweiz

Maßgebender Gesichtspunkt für die Frage der Zulässigkeit einer Adoption nach Schweizer Recht ist, wie in unserer Rechtsordnung auch, das Wohl des Adoptivkindes (Art. 264 ZGB), das aufgrund einer umfassenden Untersuchung im Einzelfall zu ermitteln ist[1]. Anders als im BGB stellt das ZGB Kriterien auf, die bei der Ermittlung zu beachten sind (Art. 268 a ZGB). Insbesondere sind „die Persönlichkeit und Gesundheit der Adoptiveltern und des Adoptivkindes, ihre gegenwärtige Beziehung, die erzieherische Eignung, die wirtschaftliche Lage, die Beweggründe und die Familienverhältnisse der Adoptivfamilie sowie die Entwicklung des Pflegeverhältnisses abzuklären". Zuständig, diese Prüfung durchzuführen und im Anschluß daran die Adoption auszusprechen, kann je nach kantonaler Ausgestaltung, ein Gericht oder eine Verwaltungsbehörde sein (Art. 268 ZGB). Wie auch im BGB ist im Schweizer ZGB die Einwilligung der leiblichen Eltern erforderlich (Art. 265 c ZGB). Neben Gründen objektiver Unmöglichkeit der Zustimmung (Eltern sind unbekannt, Eltern sind mit unbekanntem Aufenthalt länger abwesend oder dauernd urteilsunfähig), gemäß Art. 265 a Ziffer, der in etwa unserem § 1747 Abs. 3 entspricht[2], ist eine Einwilligungsersetzung möglich, wenn der entsprechende Elternteil „sich um das Kind nicht ernstlich gekümmert hat". „Sich kümmern" bedeutet hier eine Anteilnahme am Wohlergehen des Kindes durch ein positives Verhalten[3]. „Ernstlich" meint eine intensive, kontinuierliche Ausrichtung am Kindeswohl[4]. Diese aus dem Rechtsmißbrauchsverbot des Art. 2 Abs. 2 ZGB abgeleitete Regel[5], umfaßt sowohl Fälle, die in unserem Rechtssystem unter den Begriff der „Pflichtverletzung" als auch der „Gleichgültigkeit" fallen, wie z. B. Mißhandlungen, grobe Vernachlässigungen, Verletzungen der Unterhaltspflicht oder schlichte Teilnahmslosigkeit[6].

---

[1] Berner Komm. zum ZGB-Hegnauer Einleitung zur Adoption Rz. 35.

[2] Vgl. Eichenberger, S. 215 ff.

[3] Berner Komm. zum ZGB-Hegnauer Art. 265 c Rz. 21 a.

[4] Berner Komm. zum ZGB-Hegnauer Art. 265 c Rz. 21 b.

[5] Vgl. Eichenberger, S. 220.

[6] Berner Komm. zum ZGB-Hegnauer Art. 265 c Rz. 21 b und c.

Die Regelung des Schweizer ZGB geht jedoch über die unter § 1748 fallenden Fallkonstellationen weit hinaus. Schutzzweck des Art. 265 c ZGB ist ausschließlich die lebendige Beziehung zwischen einem Elternteil und dem Kind, nicht jedoch die subjektive Einstellung der Eltern[7]. Ein Verschulden ist somit nicht erforderlich. Demgemäß ist der Tatbestand erfüllt, wenn aus Gründen, die objektiv beim betreffenden Elternteil liegen, eine lebendige Beziehung nicht zustande gekommen ist, obwohl er sich um das Kind bemüht hat. Beispiele hierfür sind Trennungen aufgrund größerer Entfernungen[8] bzw. Einschränkungen des Besuchsrechts im Interesse des Kindes[9]. Bei einem solchen Fall ist nach unserer Rechtslage keine Ersetzung möglich, da § 1748 außer im Falle des Abs. 3, ein vorwerfbares Verhalten voraussetzt.

Indem das ZGB vordergründig auf das Bestehen einer Beziehung zu den leiblichen Eltern abstellt, vermeidet es die bei der Anwendung des § 1748 für den Pflegekinderbereich auftretenden Regelungslücken[10] und wird dadurch den besonderen Bedürfnissen, die sich für den Fall der Adoption des Pflegekindes durch seine Pflegeeltern stellen, weitaus eher gerecht als das BGB.

## B. Österreich

Die Annahme als Kind kommt im österreichischen Recht, wie auch in der Bundesrepublik vor Inkrafttreten des AdoptG vom 1. 1. 1977, durch einen Vertrag zwischen dem Annehmenden und dem Anzunehmenden zustande, der der gerichtlichen Bewilligung bedarf (§ 179 a ABGB). Diese darf erst erteilt werden, wenn die Adoption dem Wohle des Kindes entspricht (§ 180 a Abs. 1 S. 2 ABGB). Letztlich ist so auch in Österreich das Kindeswohl materielles Entscheidungskriterium der Adoption. Gemäß § 181 ABGB muß außerdem die Zustimmung der leiblichen Eltern in die Adoption vorliegen. Dieses Erfordernis entfällt bei Vorliegen objektiver Unmöglichkeit der Zustimmung (wenn der Zustimmungsberechtigte zu einer verständigen Äußerung nicht nur vorübergehend unfähig oder sein Aufenthalt seit mehr als 6 Monaten unbekannt ist) gemäß § 181 Abs. 2 S. ABGB. Wird die Zustimmung verweigert, ohne daß „gerechtfertigte Gründe für die Weigerung vorliegen" hat das Gericht diese auf Antrag eines Vertragsteils zu ersetzen (§ 181 Abs. 3 ABGB). Aus der Formulierung ist zu schließen, daß das österreichische Recht die Ersetzung unabhängig von einem Verschulden der Eltern zuläßt. Die bisher ergangene Rechtsprechung zu § 181 Abs. 3 ABGB deckt sich jedoch im Ergebnis mit der Auslegung von § 1748 durch deutsche Gerichte[11]. Eine Ersetzung kommt auch hier

---

[7] ProtExpKom., S. 271.

[8] ZVW 1974, S. 63 Nr. 6.

[9] ZVW 1976, S. 99, Nr. 11.

[10] Kapitel 4 D V.

[11] Schwimann-Schlemmer/Schwimann § 181 Rz. 7.

nur in besonders gelagerten Einzelfällen in Betracht[12]. Die Zustimmung ist z.B. bei einem pflichtwidrigen und schuldhaften Verhalten gegenüber dem Kind zu ersetzen, durch das seine körperliche, seelische und geistige Entwicklung ernstlich gefährdet wird[13]. Ebenfalls deckt § 181 Abs. 3 ABGB Fallgruppen ab, die in unserer Rechtsordnung unter das Merkmal „Gleichgültigkeit" fallen, wenn z.B. der Elternteil, dessen Zustimmung ersetzt werden soll, nicht glaubhaft machen kann, noch mit dem Kind menschlich verbunden zu sein[14].

Eine über die deutsche Rechtspraxis zum Zustimmungserfordernis der leiblichen Eltern in die Adoption hinausgehende Tendenz wird im österreichischen Recht nicht deutlich. So gesehen dürften im Zusammenhang mit der Adoption eines Pflegekindes durch seine Pflegeeltern ähnliche Probleme bestehen wie in unserer Rechtsordnung.

## C. Schweden

Die nordischen Staaten, insbesondere Schweden, waren von jeher sehr fortschrittlich und wegweisend auf dem Gebiet des Familienrechts. So wurde hier bereits seit Beginn dieses Jahrhunderts durch Erlaß verschiedener Gesetze[15] versucht, die Rechtsstellung der nichtehelichen Kinder zu verbessern. Heute erfolgt in Schweden – von wenigen unbedeutenden Ausnahmen abgesehen – eine Gleichbehandlung aller Kinder, ohne Rücksicht darauf, ob diese ehelich oder nichtehelich sind. In der offiziellen schwedischen Gesetzessprache findet sich seit 1976 nicht einmal mehr ein Hinweis, der außerhalb der Ehe geborene Kinder als solche kennzeichnet[16]. Überdies hat Schweden versucht, das Recht im Dienste des Kindeswohls anzupassen, um den sich ändernden sozialen Bedingungen gerecht zu werden[17]. Die Interessen der Eltern haben hierbei hinter die Interessen des Kindes zurückzutreten[18]. So erhielt z. B. ein Elternteil, der sein Kind aus Schweden in ein fremdes Land entführt hatte, die elterliche Sorge vom Obersten Schwedischen Gerichtshof für dieses zugesprochen, da mittlerweile eine faktische Situation eingetreten war, an die sich das Kind gewöhnt hatte[19]. Eine solche Tendenz in Form der Ausgestaltung der gesetzlichen Regelungen im Interesse des Kindeswohls spiegelt sich auch im Adoptionsrecht

[12] OGH JBl 1981, S. 208, 209.

[13] OGH EvBl. 1983, Nr. 125.

[14] OGH JBl 1981, S. 208, 210.

[15] Zu nennen sind hier die drei Gesetze vom 14. 6. 1917 über die eheliche Geburt, über die nichtehelichen Kinder und über die Adoption. Ihnen folgten die Gesetze über die ehelichen Kinder und über die Unterhaltspflicht eines Ehegatten den Kindern des anderen Ehegatten gegenüber, beide vom 11. 6. 1920, vgl. Korkisch, S. 90.

[16] Bogdan, in: Kindschaftsrecht im Wandel, S. 110.

[17] Bogdan, a.a.O., S. 109.

[18] Bogdan, a.a.O., S. 116.

[19] Vgl. Nytt Jurisdiskt Arkiv 1992, S. 93.

wieder. Bereits 1958 gab es in Schweden die Möglichkeit der „starken“ Adoption, durch die das Kind rechtlich vollständig in die Adoptivfamilie integriert werden konnte und alle Beziehungen zur leiblichen Familie abgebrochen wurden, um hierdurch für es gesicherte Entwicklungsbedingungen zu schaffen[20]. Zur Adoption ist im schwedischen Recht eine Genehmigung des Gerichts notwendig, der ein entsprechender Antrag der Adoptiveltern vorausgegangen sein muß (Kapitel 4, § 1 Elterngesetz[21]). Diese kann nur erteilt werden, wenn nach einer Prüfung das Gericht zu der Überzeugung gelangt ist, daß die Adoption dem Kind zum Vorteil gereicht (Kapitel 4, § 6 Elterngesetz[22]). Wie auch im deutschen Recht müssen die leiblichen Eltern grundsätzlich ihre Einwilligung in die Adoption erteilen. Im Interesse eines wirksamen Kindesschutzes ist eine solche jedoch in allen skandinavischen Ländern entbehrlich[23], wenn der entsprechende Elternteil nicht sorgeberechtigt ist. Lediglich sind gemäß Kapitel 4, § 10 Elterngesetz[24] die leiblichen Eltern in einem solchen Falle anzuhören. Somit besteht hier die Möglichkeit, das Kind nach einem Sorgerechtsentzug[25] auch gegen den Willen der Eltern sofort zur Adoption freizugeben. Diese Regelung dürfte wohl den Interessen des Kindes weit eher gerecht werden als die Ausgestaltung im deutschen Recht. Probleme wie sie im Zusammenhang mit einer Einwilligungsersetzung bei der Adoption eines Pflegekindes bestehen, sind hierdurch undenkbar. Jedoch stellt sie einen sehr weitreichenden Eingriff in die Rechtsposition der leiblichen Eltern dar. Ist erst einmal ein Sorgerechtsentzug erfolgt, haben diese kaum noch eine Möglichkeit, über das weitere Schicksal des Kindes mitzuentscheiden. Wurde erst einmal der Entschluß einer Adoption durch die entsprechenden staatlichen Stellen gefällt, so dürften die leiblichen Eltern kaum noch in der Lage sein, durch eine Korrektur ihres Verhaltens das Kind zurückzubekommen.

Eine solche Regelung wäre wohl in unserer Rechtsordnung als nicht verfassungsgemäß anzusehen, da sie einen unverhältnismäßigen Eingriff in die Rechte der Eltern darstellen dürfte.

---

[20] Agell-Saldeen, S. 50/51.

[21] In: Bergmann-Ferid, Internationales Ehe- und Kindschaftsrecht.

[22] In: Bergmann-Ferid, Internationales Ehe- und Kindschaftsrecht.

[23] Dopffel, S. 106.

[24] In: Bergmann-Ferid, Internationales Ehe- und Kindschaftsrecht.

[25] Gemäß Kapitel 6, § 7 Elterngesetz ist ein solcher möglich, wenn sich der entsprechende Elternteil eines groben Mißbrauchs oder einer groben Nachlässigkeit bei der Ausübung des Sorgerechts schuldig macht oder seine Teilhabe am Sorgerecht in anderer Weise eine Gefahr für die Entwicklung oder die Gesundheit des Kindes bedeutet, Bergmann-Ferid, Internationales Ehe- und Kindschaftsrecht.

# 6. Kapitel
# Reformüberlegungen

## A. Gewichtung und Abwägung der grundrechtlich geschützten Interessen der bei der Adoption des Pflegekindes durch seine Pflegeeltern Beteiligten

### I. Die grundrechtlich geschützten Interessen der leiblichen Eltern, des Pflegekindes und der Pflegeeltern

#### *1. Position der leiblichen Eltern*

Die Ersetzung der elterlichen Einwilligung in die Adoption des Pflegekindes stellt einen schwerwiegenden Eingriff in die Rechte der leiblichen Eltern dar. Neben dem Verlust ihres Erziehungsrechts bildet ein solcher Schritt – durch die Einführung der Volladoption am 2. 6. 1976 – die Grundlage für ein Erlöschen der verwandtschaftlichen Beziehungen des Annehmenden zu den leiblichen Verwandten und somit für eine Beseitigung der bestehenden Zuordnung zur natürlichen Familie (vgl. § 1755). Anders als im früheren Recht[1] ist die Ersetzung der Einwilligung in die Adoption deshalb nicht mehr nur unter dem Aspekt eines Eingriffes in die durch Art. 6 Abs. 2 S. 1 GG geschützten Elternrechte zu beurteilen, sondern hat sich auch an den Maßstäben von Art. 6 Abs. 1 GG zu orientieren, der die Familie in ihrem Bestand schützt und ein Abwehrrecht gegen störende Eingriffe des Staates normiert[2].

#### *a. Art. 6 Abs. 1 GG*

Das Grundgesetz stellt in Art. 6 Abs. 1 GG die Familie unter „den besonderen Schutz der staatlichen Ordnung“. Nach der Definition des BVerfG ist unter dem Begriff „Familie“ eine „umfassende Gemeinschaft von Eltern und Kindern“ zu verstehen, „in der den Eltern vor allem Recht und Pflicht zur Pflege und Erziehung der Kinder erwachsen“[3]. In erster Linie zielt diese Definition auf die Funktion der Familie als Lebens- und Erziehungsgemeinschaft ab[4]. Als konstitutiv für die Familiengemeinschaft sieht sie jedoch ein Zusammenleben zwischen Eltern und Kindern nicht an, obwohl regelmäßig von einem Vorlie-

---

[1] Siehe hierzu BVerfGE 24, S. 119, 138.

[2] Leibholz-Rinck-Hesselberger Art. 6 GG Rz. 2.

[3] BVerfGE 10, S. 59, 66.

[4] Leibholz-Rinck-Hesselberger Art. 6 GG Rz. 60.

gen einer Haushaltsgemeinschaft auszugehen ist[5]. Der Grundrechtsschutz von Art. 6 Abs. 1 GG geht deshalb den leiblichen Eltern auch bei einer Fremdplazierung des Kindes nicht verloren. Die Zugehörigkeit zur Familie wird vielmehr durch eine natürliche oder gesetzliche Verwandtschaft bestimmt[6] (Ausnahme bildet hier das Verhältnis zwischen Pflegeeltern und Pflegekind, siehe Kapitel 6 A I 2 b). Ist eine solche begründet worden, gehören die Familienmitglieder ein Leben lang der Herkunftsfamilie an[7]. Somit können die leiblichen Eltern sich auch auf den Grundrechtsschutz aus Art. 6 Abs. 1 GG berufen, wenn aus soziologischer Sicht eine Familiengemeinschaft nicht oder nicht mehr besteht, wenn z.B. das Kind unmittelbar nach der Geburt von der Mutter in ein Säuglingsheim gegeben wurde, ohne daß sie sich weiter um es gekümmert hat, oder das Kind nach einer Trennung der Eltern seinem weiteren Schicksal überlassen wurde[8]. Allenfalls kann fraglich erscheinen, wie eine solche Position bei einer Abwägung grundrechtlich geschützter Interessen zu bewerten ist.

Somit besteht der Grundrechtsschutz aus Art. 6 Abs. 1 GG für sämtliche Fallkonstellationen der Ersetzung der elterlichen Einwilligung in die Adoption des Pflegekindes durch das Vormundschaftsgericht. Aus Art. 6 Abs. 1 GG läßt sich ein umfassendes Abwehrrecht gegen schädigende und störende Eingriffe des Staates in Ehe und Familie herleiten. Da die Einwilligungsersetzung durch Einführung der Volladoption die Grundlage für die Beseitigung der familiären Beziehungen des Kindes ist (vgl. § 1755), stellt deren gesetzliche Normierung, unabhängig davon wie eine solche auch aussehen mag, stets einen Eingriff in Art. 6 Abs. 1 GG dar. Da Art. 6 Abs. 1 GG unter keinem ausdrücklichen Schrankenvorbehalt steht, findet ein solcher seine Rechtfertigung nur in kollidierendem Verfassungsrecht, insbesondere in den Grundrechten anderer[9]. Als solche kommen hier die Grundrechtspositionen des Pflegekindes und der Pflegeeltern in Betracht.

### b. Art. 6 Abs. 2 S. 1 GG

Art. 6 Abs. 2 S. 1 GG hebt den Vorrang der leiblichen Eltern bei der Erziehung und der Pflege des Kindes hervor und schützt ihn verfassungsrechtlich.

Unter Pflege ist die allgemeine Sorge für die Person des Kindes, für sein körperliches Wohl und für seine geistige und charakterliche Entwicklung zu verstehen.

---

[5] Schmid, S. 29.

[6] Maunz-Dürig Art. 6 GG Rz. 16 a.

[7] Schmid, S. 30.

[8] Anders Lüderitz, S. 56, der die Familie soziologisch bestimmt und deshalb in diesen Fällen den Grundrechtsschutz aus Art. 6 Abs. 1 GG verneint.

[9] Pieroth-Schlink, Rz. 716.

Erziehung ist in diesem Zusammenhang die Sorge für die Ausbildung und Bildung des Kindes durch Entfaltung seiner Fähigkeiten[10].

Eine genaue und abstrakte Abgrenzung beider Begriffe ist im Hinblick auf die selben Rechtsfolgen nicht notwendig und vom Gesetzgeber auch nicht vorgesehen[11]. Pflege und Erziehung sind so vielmehr als einheitlicher Begriff zu verstehen. Indem Art. 6 Abs. 2 S. 1 GG Pflege und Erziehung als „natürliches" Recht der Eltern bezeichnet, geht er davon aus, daß diese von Natur bereit und berufen sind, die Verantwortung hierfür zu übernehmen[12]. Seine innere Begründung findet das Elternrechts somit nicht nur in der Tatsache der Zeugung, sondern es setzt vielmehr die Inklination und Bereitschaft der Eltern, ihr Kind zu pflegen und zu erziehen und die auf dieser Grundlage erwachsene existentielle Eltern-Kind-Beziehung als naturgegeben voraus[13].

Gleichzeitig mit der Gewährleistung der Stellung der Eltern betont Art. 6 Abs. 2 S. 1 GG die Pflichtengebundenheit des Elternrechts. Diese Pflichtengebundenheit unterscheidet, wie das BVerfG festgestellt hat, das Elternrecht von allen anderen Grundrechten[14]. Neben seiner „klassischen Funktion" als Abwehrrecht des Bürgers gegen äußere Eingriffe des Staates, enthält es nach „innen" im Verhältnis zum Kind eine Handlungspflicht zur Pflege und Erziehung, was auch der Text von Art. 6 Abs. 2 S. 1 GG – die „zuvörderst obliegende Pflicht" unmißverständlich zum Ausdruck bringt. Recht und Pflicht sind von „vornherein unlöslich miteinander verbunden; die Pflicht ist nicht eine das Recht begrenzende Schranke, sondern ein wesensbestimmender Bestandteil dieses „Elternrechts", das insoweit besser als „Elternverantwortung" bezeichnet werden kann"[15]. Insoweit ist das elterliche Erziehungsrecht ein dienendes Grundrecht, nicht primär ein Grundrecht zur Selbstverwirklichung der Eltern, sondern Entfaltungshilfe des Kindes[16]. Im Schrifttum wird dieser Gedanke auch als „treuhänderische Freiheit"[17] bzw. als „fremdnützige Rechtsstellung um des Kindes willen"[18] bezeichnet. Im Verhältnis zum Kind ist deshalb das Kindeswohl die oberste Maxime des elterlichen Handelns[19]. Die Interpretation dessen, was dem Kindeswohl dient, obliegt in erster Linie den leiblichen Eltern (sog. Interpretationsprimat)[20]. Erst wenn deren Erziehungsverhalten zu einer Gefährdung des Kindeswohls führt – mithin von einer verantwortlichen Ausübung des elterlichen Erziehungsrechtes nicht mehr die Rede sein kann – ist der Staat

---

[10] Maunz-Dürig Art. 6 GG Rz. 24.

[11] Ebd.

[12] Vgl. BVerfGE 24, S. 119, 150.

[13] Schwab, A 112/A 113.

[14] BVerfGE 24, S. 119, 143.

[15] Ebd.

[16] Ossenbühl, Das elterliche Erziehungsrecht im Sinne des GG, S. 51.

[17] Ossenbühl, a.a.O., S. 50.

[18] Vgl. ebd. m. w. N.

[19] BVerfGE 60, S. 79, 88; BVerfGE 59, S. 360, 376; vgl. auch Stein, S. 12.

[20] Ossenbühl, a.a.O., S. 64 ff.

berechtigt und aufgrund des Wächteramtes gem. Art. 6 Abs. 2 S. 1 GG auch verpflichtet, einzugreifen und damit selbst festzulegen, was unter Kindeswohl zu verstehen ist[21]. Maßgebendes Kriterium für die verfassungsrechtliche Rechtfertigung eines Eingriffes in das Elternrecht ist somit die Gefährdung des Kindeswohls. Darüber hinaus ist ein Eingriff nur durch kollidierendes Verfassungsrecht gerechtfertigt, im Fall der Adoption des Pflegekindes durch die Pflegeeltern zum Beispiel durch die Rechtsposition der Pflegeeltern.

Eine Regelung, die die elterliche Einwilligung in die Adoption normiert, stellt den schwerst denkbaren Eingriff in das durch Art. 6 Abs. 2 GG garantierte Elternrecht dar. Anders als bei § 1666 wird das Elternrecht hierdurch nicht nur der Ausübung nach beschränkt, sondern vielmehr in seiner Substanz entzogen. Als gerechtfertigt ist ein solcher Eingriff nur anzusehen, wenn er der Abwehr einer Gefährdung des Kindeswohls dient oder durch sonstiges Verfassungsrecht gerechtfertigt ist.

## 2. Position des Kindes

### a. Recht des Kindes auf Erziehung

Wie bereits am Anfang dieser Arbeit festgestellt wurde, findet das faktische Eltern-Kind-Verhältnis zwischen Pflegeeltern und Pflegekind rechtlich keinen Ausdruck. Seit der Einführung von § 1632 Abs. 4, bietet das Gesetz zwar Schutz davor, daß ein Pflegekind nicht zur Unzeit aus der Pflegefamilie herausgerissen wird. Im Vergleich zur Adoption fehlt dem Pflegeverhältnis jedoch das Merkmal einer auf Dauer angelegten, unwiderruflichen Zuordnung. Die Einbindung des Pflegekindes in die Pflegefamilie ist rechtlich nur vorläufig und unvollständig[22]. Insbesondere steht den Pflegeeltern nicht das Sorgerecht für das Kind zu – dieses liegt oftmals bei den leiblichen Eltern, die so jederzeit in das Pflegeverhältnis hineinregieren können – und aufgrund der unsicheren rechtlichen Verbindung zwischen ihnen und dem Pflegekind, können sie sich des Kindes jederzeit wieder entledigen. Ein derartiger Zustand zwischen zwei Familien wirkt sich auf die kindliche Entwicklung in vielen Fällen sehr negativ aus[23]. Das Kind hat deshalb oftmals ein Interesse an einer vollständigen Eingliederung in die Pflegefamilie in Form der Adoption. Verweigern die leiblichen Eltern hierzu ihre Einwilligung, ist dieses Interesse darauf gerichtet, sie zu ersetzen. Den hierdurch betroffenen Elternrechten steht in diesem Falle eine grundrechtlich geschützte Position des Pflegekindes gegenüber. Dessen Stellung als Grundrechtsträger ist unabhängig von der Frage des Alters und der Geschäftsfähigkeit. In der Rechtsprechung des BVerfG ist deshalb die Menschenwürde des Kindes aus Art. 1 Abs. 1 GG und sein allgemeines Persönlichkeitrecht aus Art. 1 Abs. 1 und 2 Abs. 1 GG anerkannt.

---

[21] Vgl. Ossenbühl, a.a.O., S. 72; Schmitt Glaeser, S. 57.

[22] Siehe Kapitel 1 B III.

[23] Siehe Kapitel 1 C III.

Die Bekenntnis zur Menschenwürde fordert Lebensbedingungen, die das Kind nicht zum bloßen Objekt degradieren[24]. Ob solche Bedingungen mit der bestehenden Rechtslage gegeben sind, erscheint fraglich. Insbesondere die Tatsache, daß es im freien Belieben der Pflegeeltern steht, sich jederzeit wieder des Kindes zu entledigen und die völlige Ungewißheit bzgl. der weiteren Zukunft, lassen hieran bereits starke Zweifel aufkommen.

Das allgemeine Persönlichkeitsrecht gewährleistet einen umfassenden Schutz der Persönlichkeit des einzelnen, indem es als „unbenanntes" Freiheitsrecht solche Lücken im Persönlichkeitsschutz ausfüllt, die zwischen den speziellen („benannten") Freiheitsrechten und den besonderen Persönlichkeitsrechten bestehen[25]. Aus seiner Ableitung aus dem Recht auf freie Entfaltung der Persönlichkeit und der Menschenwürde ergibt sich, daß das allgemeine Persönlichkeitsrecht die menschliche Personalität in ihrer Gesamtheit und damit auch deren konstitutiven und kennzeichnenden Elemente schützt[26]. Hierzu gehören insbesondere die Entwicklung und Entfaltung der Individualität[27]. Die Entwicklung der eigenen Individualität ist in entscheidendem Maße mit Fragen der Erziehung durch die Eltern verbunden[28]. Durch sie wird das Kind geprägt und im Idealfall zu einer eigenverantwortlichen und selbstständigen Persönlichkeit herangebildet, wie sie dem „Menschenbild" des GG entspricht[29]. Fehlt es an einer kontinuierlichen und in ihrer Qualität befriedigenden Erziehung, gerät die Entwicklung des Kindes auf Abwege. Um einen umfassenden Persönlichkeitsschutz zu gewährleisten, muß deshalb dem Kind ein Recht auf eine Erziehung erwachsen, die eine Persönlichkeitsentwicklung hin zu einem selbständigen und lebenstüchtigen Menschen gewährleistet. Eine solche vermögen in erster Linie die leiblichen Eltern dem Kind zu vermitteln. Ist ein Verbleib in der leiblichen Familie nicht möglich, so gebietet es das Kindeswohl, abträgliche Folgen, die sich hieraus ergeben können, auszuschließen[30]. Das Recht des Kindes auf eine Erziehung hin zu einem selbständigen und eigenverantwortlich handelnden Menschen verlangt hier nach Möglichkeit Bedingungen zu schaffen, die eine Persönlichkeitsentwicklung in der beschriebenen Weise garantieren[31]. Die Erziehung durch Pflegeeltern ist hierzu nur in eingeschränktem Maße in der Lage. Zwar sind Pflegeeltern bei Bestehen positiver Beziehungen zu dem Kind nicht weniger geeignet als die leiblichen Eltern, dem Kind eine qualitativ befriedigende Erziehung zu geben. Jedoch fehlt einem Pflegeverhältnis das Element einer dauerhaften rechtlichen Zuordnung,

[24] Vgl. Maunz-Dürig Art. 1 Rz. 43.

[25] BVerfGE 34, S. 269, 281.

[26] Giesen JZ 1989, S. 364, 368.

[27] BVerfG JZ 1989, S. 335, 336; BVerfGE 35, S. 202, 220.

[28] Vgl. die Argumentation des BVerfG zu dem Recht des Kindes auf Kenntnis seiner Abstammung, JZ 1989, S. 335, 336.

[29] Siehe S. 58.

[30] BVerfG FamRZ 1989, S. 31, 33.

[31] Vgl. auch BVerfGE 24, S. 119, 145.

die eine Kontinuität der Beziehungen garantiert. Ist nach mehrjährigem Aufenthalt ein Eltern-Kind-Verhältnis zu den Pflegeeltern entstanden und eine Rückkehr in die leibliche Familie nicht mehr möglich, läßt sich aus dem allgemeinen Persönlichkeitsrecht ein rechtlich geschütztes Interesse ableiten, diese Erziehung dauerhaft und ohne störende Einflüsse beizubehalten, um dem Kind hierdurch die für seine Persönlichkeitsentwicklung notwendige Kontinuität und Geborgenheit zu vermitteln[32].

Dieses leistet in vollem Umfang die Adoption des Pflegekindes durch die Pflegeeltern[33].

### b. Recht des Kindes aus Art. 6 Abs. 1 GG

Nicht bei jedem Pflegeverhältnis besteht ein Interesse des Kindes an der Adoption. Oftmals sind auch nach einer Fremdplazierung noch Kontakte zur Herkunftsfamilie vorhanden, die durch regelmäßige Besuche aufrechterhalten werden. Die Adoption kann hier zu einem Kontaktabbruch zu den leiblichen Eltern führen und dürfte sich für die Entwicklung des Kindes sehr negativ auswirken. In einem solchen Fall entspricht sie in der Regel nicht dem Wohl des Kindes und hat daher zu unterbleiben.

Verfassungsrechtlich geschützt sind die Beziehungen des Kindes zu den leiblichen Eltern und somit auch sein Interesse, diese aufrechtzuerhalten, durch Art. 6 Abs. 1 GG. Dieser gewährt umfassenden Schutz vor staatlichen Eingriffen. Einbezogen in den Schutzbereich sind sämtliche Familienmitglieder und somit auch das Kind[34]. Ihm kommt daher ein verfassungsrechtlich garantiertes Interesse zu, die Beziehungen zu den leiblichen Eltern aufrechtzuerhalten. Bei einer Güterabwägung ist diese Rechtsposition unter Umständen auf ein Unterbleiben der Adoption und somit auch der Einwilligungsersetzung gerichtet. Sie kann daher den Interessen der Pflegeeltern, das Kind annehmen zu wollen, zuwiderlaufen.

## 3. Position der Pflegeeltern

Der Familienbegriff des BVerfG verlangt nicht ausnahmslos die Verwandtschaft der Mitglieder als Tatbestandsvoraussetzung. Bereits im Jahre 1964 stellte das BVerfG in einer Entscheidung zur Verfassungsmäßigkeit der steuerlichen Zusammenveranlagung von Eltern und Kindern fest[35], daß zu den Kindern auch Stief-, Adoptiv-, und Pflegekinder gehören. Während Stiefkinder regelmäßig mit einem Elternteil blutsverwandt i. S. von § 1589 sind und Adoptivkinder kraft gerichtlicher Anordnung mit den Adoptiveltern als verwandt gelten (§§ 1754, 1755), ist zumindest bei Pflegekindern die Anbindung an die

[32] Im Ergebnis so auch Staudinger-Coester § 1666 Rz. 140.

[33] Vgl. Kapitel 1.

[34] BVerfGE 76, S. 1, 44.

[35] BVerfGE 18, S. 97, 106.

verwandtschaftlichen Regeln des bürgerlichen Rechts aufgegeben. Bereits aus dieser Entscheidung läßt sich eine Grundrechtsposition der Pflegeeltern aus Art. 6 Abs. 1 GG herleiten. In seiner ersten Entscheidung zur Verfassungsmäßigkeit von § 1632 Abs. 4 vom 17. 10. 1984 stellte das BVerfG ausdrücklich fest, daß auch die aus Pflegeeltern und Pflegekind bestehende Pflegefamilie durch Art. 6 Abs. 1 GG geschützt sei, wenn zwischen den Pflegeeltern und dem Kind eine gewachsene Bindung entstanden ist[36].

Anknüpfungspunkt für den Schutz der Pflegefamilie ist somit ausschließlich das Bestehen einer faktischen Eltern-Kind-Beziehung. Die Pflegeeltern können sich als Mitglieder der verfassungsrechtlich geschützten Pflegefamilie bei Unterbleiben der Adoption auf Art. 6 Abs. 1 GG berufen, weil ihnen hierdurch die rechtliche Anerkennung ihrer Elternschaft vorenthalten wird[37]. Da diese Position ausschließlich aus dem Bestehen einer faktischen Eltern-Kind-Beziehung abgeleitet wird, ist der verfassungsrechtliche Schutz desto größer, je stärker die faktische Gemeinschaft zwischen Pflegeeltern und Pflegekind ist[38].

## II. Der Verhältnismäßigkeitsgrundsatz und der Grundsatz des Vorrangs leiblicher Eltern bei der Erziehung des Kindes als Abwägungsmaximen

Geraten Rechtspositionen mit Verfassungsrang miteinander in Widerstreit, ist es Aufgabe des Gesetzgebers, diese mit dem Ziel der Optimierung zu einem angemessenen Ausgleich zu bringen[39]. Diesem obliegt es deshalb, für den Fall der Adoption des Pflegekindes durch die Pflegeeltern eine Regelung zu treffen, die den Interessen aller Beteiligter so weit wie möglich gerecht wird. Bei der Herstellung der Konkordanz ist der Gesetzgeber an bestimmte verfassungsrechtliche Vorgaben gebunden. Als solche sind hier insbesondere der Grundsatz der Verhältnismäßigkeit und der Grundsatz des Vorrangs leiblicher Eltern bei der Erziehung des Kindes zu nennen.

Nach dem Grundsatz der Verhältnismäßigkeit darf bei der Lösung grundrechtlicher Gemengelagen kein Grundrecht in unzumutbarer Weise eingeschränkt werden[40]. Bezogen auf die Grundrechte leiblicher Eltern haben sich Art und Ausmaß eines Eingriffes am Ausmaß elterlichen Versagens zu orientieren und an dem was im Interesse des Kindes geboten ist[41]. Der Staat ist deshalb gehalten, seine Eingriffsmaßnahmen dem Einzelfall entsprechend angemessen zu dosieren[42]. Die radikale Maßnahme der Auflösung einer Familie und

[36] BVerfG NJW 1985, S. 423.
[37] Vgl. Roth ZfJ 1987, S.64, 66.
[38] Ebd.
[39] BVerfGE 83, S. 130, 143.
[40] Vgl. hierzu Grabitz AÖR 98, S. 568 ff.
[41] BVerfGE 24, S. 119, 145.
[42] Ossenbühl, a.a.O., S. 76.

des endgültigen Entzugs des Elternrechts ist als ultima ratio erst dann gerechtfertigt, wenn helfende und unterstützende, auf Herstellung eines verantwortungsbewußten Verhaltens der leiblichen Eltern gerichtete Maßnahmen von Anfang an nicht erfolgversprechend sind[43].

Bei der Abwägung der widerstreitenden Verfassungsgüter ist der Gesetzgeber grundsätzlich daran gehindert, einem den Vorrang einzuräumen[44]. Eine Ausnahme ergibt sich jedoch bei der Abwägung der Belange von Pflegeeltern mit der von leiblichen Eltern. Obwohl das faktische Verhältnis zwischen Pflegeeltern und Kind in den letzten Jahrzehnten eine wesentliche Aufwertung in der rechtlichen Ausgestaltung und sozialen Anerkennung erfahren hat, geht das BVerfG in ständiger Rechtsprechung[45] von einem Vorrang leiblicher Eltern bei der Erziehung aus. Aus diesem vom BVerfG zwar nicht begründeten, jedoch im Ergebnis auch von Vertretern einschlägiger Wissenschaften nicht ernsthaft angezweifelten Grundsatz[46], läßt sich für das Pflegeverhältnis die Forderung ableiten, soweit dies irgend möglich ist, eine Rückführung zur leiblichen Familie anzustreben. Erst wenn eine klare Perspektive bzgl. eines dauerhaften Verbleibs in der Pflegefamilie besteht, kommt eine Adoption des Pflegekindes durch die Pflegeeltern in Betracht.

## III. Abwägung der grundrechtlich geschützten Interessen der leiblichen Eltern, des Pflegekindes und der Pflegeeltern

Die Ersetzung der Einwilligung leiblicher Eltern in die Adoption des Pflegekindes berührt die Interessen drei verschiedener Personen bzw. Personengruppen: die des Kindes, die der Pflegeeltern und die der leiblichen Eltern/leiblichen Mutter. Ziel einer eventuellen Neuregelung muß es sein, für dieses „Dreiecksverhältnis“ eine Abwägung zu treffen, die die Belange aller Beteiligter berücksichtigt. Hierbei ist insbesondere auf die Beziehungen des Kindes zu den leiblichen Eltern und den Pflegeeltern abzustellen. Das Bestehen einer faktischen Eltern-Kind-Beziehung zu den Pflegeeltern, die durch die Adoption rechtlich aufgewertet werden soll, obwohl das Kind noch leibliche Eltern hat, mit denen es oftmals mehr als nur rechtlich verbunden ist, stellt die eigentliche Problematik in diesem Zusammenhang dar. Von der Intensität und Qualität der tatsächlich bestehenden Bindungsverhältnisse ist es abhängig, ob die Adoption im Interesse des Kindes liegt und wie die Rechtsposition der Beteiligten zu gewichten ist. Die Interessenabwägung soll deshalb anhand von Fallgruppen erfolgen, die in Abhängigkeit von der Qualität der Beziehungen zu den leiblichen Eltern und den Pflegeeltern die wesentlichen Fallkonstellationen der Pflegekindverhältnisse erfassen. Von vornherein kommen hier nur

[43] Vgl. BVerfGE 24, S. 119, 145.
[44] BVerfGE 83, S. 130, 143.
[45] BVerfGE 24, S. 119, 145; 56, S. 363, 384; BVerfG FamRZ 1989, S. 31, 33.
[46] Siehe hierzu Kapitel 3 B I 3 b.

Dauerpflegeverhältnisse in Betracht, bei denen sich bereits eine Eltern-Kind-Beziehung zu den Pflegeeltern entwickelt hat. Nur bei einer solchen Fallgestaltung stellt sich überhaupt die Frage nach einer rechtlichen „Aufwertung"[47] einer bestehenden faktischen Beziehung durch die Adoption.

### *1. Beziehungen zu den leiblichen Eltern und den Pflegeeltern von etwa gleicher Qualität*

Besonders mißlich ist die Situation für ein Pflegekind, wenn etwa gleich starke Beziehungen zu den leiblichen Eltern und den Pflegeeltern bestehen. Das Kind wird hier mit der Tatsache konfrontiert, zwei Arten von Eltern zu haben, zu denen es in etwa qualitativ gleich geartete Bindungen unterhält: Die einen mit denen es blutsverwandt ist, die es möglicherweise ab und zu besuchen, die anderen, denen es tatsächlich zugeordnet wurde, die es tagtäglich versorgen und erziehen. Fehlt hier eine tragbare Zusammenarbeit zwischen Pflegeeltern und leiblichen Eltern, rivalisieren diese möglicherweise sogar um das Kind, besteht die Gefahr eines Loyalitätskonfliktes[48], der zu schweren kindlichen Entwicklungsstörungen führen kann. Bei einer solchen Fallgestaltung liegt es im Interesse des Kindes, die Beziehungen zu beiden Elternpaaren weiter aufrechtzuerhalten. Im Fall einer Adoption durch die Pflegeeltern würde hier die Gefahr eines Beziehungsabbruches zu den leiblichen Eltern bestehen, der sich auf die Entwicklung des Kindes sehr negativ auswirken kann[49]. Die durch eine Adoption vermittelte vollständige rechtliche Integration in die Pflegefamilie hat oftmals zur Folge, daß die Pflegeeltern, nachdem sie nunmehr die elterliche Sorge erhalten haben, den leiblichen Eltern weitere Kontakte mit dem Kind untersagen. Eine Adoption würde in einem solchen Fall schon nicht dem Kindeswohl entsprechen und hätte bereits aus diesem Grund zu unterbleiben.

Der Rechtsposition der Pflegeeltern stehen im Falle eines Adoptionsverlangens die grundrechtlich geschützten Interessen des Kindes der leiblichen Eltern gegenüber. Eine Abwägung mit der im Vergleich schwachen Rechtsstellung der Pflegeeltern, die sich nur auf eine faktische Beziehung mit dem Kind gründet[50], ergibt hier ein deutliches Überwiegen der Belange der leiblichen Eltern und des Kindes. Die Einwilligungsersetzung durch das Vormundschaftsgericht ist deshalb bei einer solchen Fallkonstellation nicht gerechtfertigt.

---

[47] Vgl. Kapitel 1.

[48] Siehe hierzu Kapitel 1 C III.

[49] Siehe hierzu Kapitel 1 D II 3.

[50] Siehe Kapitel 6 A III.

## 2. Deutliches Überwiegen der Beziehungen zu den Pflegeeltern

### a. im Fall einer Gefährdung der kindlichen Entwicklung durch einen Kontaktabbruch zur leiblichen Familie

Auch bei einem deutlichen Überwiegen der Beziehungen zu den Pflegeeltern entspricht eine Adoption nicht immer dem Kindeswohl. Hier ist im Einzelfall zu prüfen, welche Qualität den Bindungen zu den leiblichen Eltern zukommt und welche Auswirkungen ein vermutlicher, durch eine Adoption bewirkter Kontaktabbruch zur leiblichen Familie auf die Entwicklung des Kindes haben wird. In diesem Zusammenhang kommt dem Alter des Kindes bei der Inpflegegabe eine entscheidende Bedeutung zu. Während bei einer Fremdplazierung in sehr jungem Alter das endgültige Trennungserlebnis von den leiblichen Eltern in der Regel keine bleibenden Folgen auslösen dürfte, reagiert ein spätfremdplaziertes Kind hierauf häufig mit heftigem Schmerz und Trauer[51]. Möglicherweise kann die Prüfung hier ergeben, daß eine Adoption aufgrund der zu erwartenden Auswirkungen eines Trennungserlebnisses nicht dem Kindeswohl entspricht und schon deshalb zu unterbleiben hat. Eine Einwilligungsersetzung ist hier genauso wenig gerechtfertigt wie bei Fallgrupppe 1 (bei Bestehen in etwa gleich starker Beziehungen zu den Pflegeeltern und den leiblichen Eltern), da die Rechtsposition der Pflegeeltern bei dieser Fallgestaltung hinter die des Pflegekindes und der leiblichen Eltern zurücktritt.

### b. im Fall des Bestehens einer „wiederbelebungsfähigen Restbindung" zu den leiblichen Eltern

Sollten hingegen die Interessen des Kindes an einer Adoption überwiegen und eine solche deshalb seinem Wohl entsprechen, stehen im Falle der Verweigerung der elterlichen Einwilligung in die Adoption, die Belange des Kindes und der Pflegeeltern den der leiblichen Eltern gegenüber. Eine Abwägung hat hier insbesondere den Verhältnismäßigkeitsgrundsatz und den Vorrang der Erziehung durch die leiblichen Eltern zu berücksichtigen[52]. Eine Ersetzung der Einwilligung leiblicher Eltern in die Adoption ist in Anbetracht der weitreichenden Konsequenzen, des endgültigen Entzuges der Elternrechte und der endgültigen Auflösung der Familie, auf besondere Ausnahmesituationen begrenzt: Das Eltern-Kind-Verhältnis muß so sehr von der Norm abweichen, daß die Elternverantwortung als das Korrelat des Elternrechts diesem nicht mehr gegenübersteht[53]. Solange eine Wiederherstellung des Eltern-Kind-Verhältnisses möglich erscheint, hat der Staat alles nur denkbare zu tun, um die Eltern durch helfende Maßnahmen hierbei zu unterstützen[54]. Ein durch eine Einwilligungsersetzung herbeigeführter endgültiger Entzug ihrer Rechtsposition

---

[51] Siehe hierzu Kapitel 1 D II 3.
[52] Siehe Kapitel 6 B.
[53] Vgl. BVerfGE 24, S. 119, 143 ff.
[54] Vgl. BVerfGE 24, 119, 145.

kommt deshalb erst dann in Betracht, wenn eine Prognose ergibt, daß die Beziehung zwischen ihnen und dem Kind irreparabel zerstört ist. Ein wichtiger Anhaltspunkt hierfür ist, ob noch eine „wiederbelebungsfähige Restbindung" besteht. Die Eltern müssen noch latent als Bindungspersonen vorhanden sein und dieses, wenn möglich durch gelegentliche Besuche einlösen. Sind diese erst einmal vollständig aus dem Gedächtnis des Kindes gestrichen, ist in der Regel nicht mehr damit zu rechnen, daß durch ein plötzliches Bemühen ihrerseits um das Kind (wieder) eine Bindung entsteht. Generelle Kriterien, wann eine solche „wiederbelebungsfähige Restbindung"[55] noch existiert, lassen sich nicht aufstellen. Vielmehr wird dies von den besonderen Umständen des Einzelfalles und hier insbesondere vom Alter des Kindes abhängig sein. Während Kinder über 6 Jahre oftmals noch Jahre lang eine Erinnerung an ihre Eltern haben, sind bei kleinen Kindern von etwa bis zu 3 Jahren die Eltern oftmals nach wenigen Monaten aus dem Gedächtnis gestrichen.

### 3. Bestehen einer Beziehung zu den Pflegeeltern, bei Fehlen einer Beziehung zu den leiblichen Eltern

Bei vielen Pflegeverhältnissen ist das Kind nach mehrjährigem Aufenthalt in einer Pflegefamilie faktisch das Kind der Pflegeeltern geworden. Zu den leiblichen Eltern besteht oftmals nach jahrelangem Kontaktabbruch keine „wiederbelebungsfähige Restbindung" mehr bzw. ist nach den Umständen, insbesondere dem bisherigen Verlauf des Eltern-Kind-Verhältnisses nicht zu erwarten, daß diese sich auch in Zukunft um eine Wiederherstellung der Beziehungen bemühen werden. Ist in dem Verhalten der leiblichen Eltern noch keine anhaltend gröbliche Pflichtverletzung oder Gleichgültigkeit dem Kinde gegenüber zu sehen, ergibt sich, wenn diese ihre Einwilligung in eine Adoption verweigern, eine dauerhafte Spaltung von rechtlicher und tatsächlicher Elternschaft mit den in Kapitel 1 beschriebenen Konsequenzen[56]. Für das Kind und die Pflegeeltern bedeutet eine solche Situation eine starke Belastung, die beim Kind insbesondere zu Störungen der gesamten personalen Entwicklung führen kann.

Den leiblichen Eltern steht hier hingegen nur noch eine inhaltsleere Rechtsposition zu. Bei einer solchen Fallgestaltung ist nicht mehr damit zu rechnen, daß diese überhaupt noch ihre Elternrechte tatsächlich ausüben werden bzw. würde eine Ausübung u.U. sogar eine Kindeswohlgefährdung bedeuten, die einen Entzug der elterlichen Sorge rechtfertigen würde[57]. Das Elternrecht ist zu einer inhaltslosen Hülse denaturiert[58]. Von seiner Funktion als einer Entfal-

[55] Vgl. hierzu die Ausführungen des BayObLG zur Abgrenzung der „Gleichgültigkeit" von der „anhaltend gröblichen Pflichtverletzung" in FamRZ 1982, S. 1129, 1130; vgl. auch Kapitel 4 C I 2.

[56] Kapitel 1 B und C.

[57] Vgl. hierzu Siedhoff FamRZ 1995, S. 1154, 1155.

[58] Gawlitta FamRZ 1988, S. 807, 808.

tungshilfe für das Kind[59] kann hier keine Rede mehr sein. Eine Abwägung der widerstreitenden Belange ergibt bei dieser Fallgestaltung ein Überwiegen der Interessen des Pflegekindes und der Pflegeeltern. Der rechtlichen Aufwertung des tatsächlich bestehenden Eltern-Kind-Verhältnisses zwischen Pflegeeltern und Pflegekind kommt ein höheres Gewicht zu als den Elternrechten, die ohne materiellen Inhalt nur noch als bloßer Rechtstitel fortbestehen. Entzieht man den Eltern hier ihre Rechtsposition, wird ihnen nichts genommen, was ihnen tatsächlich noch zusteht. Vielmehr wird durch einen solchen Schritt rechtlich nur nachvollzogen, was schon bereits seit Jahren soziale Wirklichkeit ist.

Nach ständiger Rechtsprechung des BVerfG ist bei einer Interessenkollision zwischen Eltern und Kind letztlich das Wohl des Kindes maßgeblich[60]. Dieses gebietet es, nach Möglichkeit für das Kind Bedingungen zu schaffen, die sein Bedürfnis nach Kontinuität berücksichtigen und seine Entwicklung zu einer selbständigen und eigenverantwortlichen Persönlichkeit garantieren[61]. Bei der vorliegenden Fallkonstellation, bei der zu den leiblichen Eltern keine Beziehungen mehr bestehen und eine Wiederherstellung solcher auch nicht zu erwarten ist, wird diesem durch eine rechtliche Absicherung und Aufwertung des faktisch bestehenden Eltern-Kind-Verhältnisses zu den Pflegeeltern durch eine Adoption Rechnung getragen. Das Unterbleiben der Adoption würde hier hingegen zu einer Gefährdung des Kindeswohls führen. Der Eingriff in die Elternrechte ist deshalb aufgrund der Rechtsposition des Kindes möglich und geboten.

Desweiteren kann ein solcher Eingriff auch auf die Rechtsposition der Pflegeeltern gestützt werden. Bei Bestehen eines faktischen Eltern-Kind-Verhältnisses zu dem Pflegekind läßt sich aus deren Grundrechtsstellung ein Interesse an der rechtlichen Anerkennung ihrer Elternschaft herleiten, das umso stärker ist, je intensiver die Beziehungen zu dem Kind sind[62]. Nach geltendem Recht vermag ausschließlich das Rechtsinstitut der Adoption ein tatsächliches, eltern-kind-ähnliches Verhältnis rechtlich „aufzuwerten" und hierdurch die Hürde fehlender Blutsverwandtschaft zu überwinden.

Der Eingriff in die Elternrechte stellt auch keinen Verstoß gegen das Verhältnismäßigkeitsprinzip dar. Der radikale Schritt der Auflösung einer Familie ist nach dem Grundsatz der Verhältnismäßigkeit nur als äußerste Maßnahme zulässig, wenn das Eltern-Kind-Verhältnis so sehr von der Norm abweicht, daß die Elternverantwortung als das Korrelat des Elternrechts diesem nicht mehr gegenüber steht. Ein solcher Ausnahmefall ist bei der vorliegenden Fallkonstellation gegeben. Zwischen den Eltern und dem Kind besteht die von der Verfassung als naturgegeben vorausgesetzte Beziehung nicht mehr und läßt sich auch in Zukunft durch helfende und unterstützende Maßnahmen des Staates nicht mehr herstellen. An die Stelle der Eltern sind vielmehr auf Dauer

---

[59] Vgl. Kapitel 6 A I.

[60] BVerfGE 37, S. 217, 252; BVerfGE 56, S. 363, 383; BVerfG NJW 1985, S. 423, 424.

[61] Vgl. Kapitel 3 B I 2.

[62] Siehe hierzu Kapitel 6 A III.

Dritte getreten, die faktisch deren Aufgaben übernommen haben. Die Ausübung des durch eine solche Entwicklung funktionslos gewordenen Elternrechts kann auch bei weitester Anerkennung der Selbstverantwortlichkeit der Eltern nicht mehr als Freiheit zum Nutzen und im Dienste des Kindes i. S. der von Art. 6 Abs. 2 GG normierten Elternverantwortung angesehen werden. Bedenken gegen die Verhältnismäßigkeit eines solchen Eingriffes ergeben sich auch nicht aufgrund der Tatsache, daß bei einem Abstellen auf die tatsächlichen Bindungsverhältnisse an objektive Tatsachen für eine Einwilligungsersetzung angeknüpft wird, ohne daß es eines vorwerfbaren elterlichen Verhaltens für das Erlöschen der Beziehungen bedarf. Hiernach kommen auch Fallgestaltungen in Betracht, bei denen sich die Eltern auch nach einer Fremdplazierung weiterhin um das Kind bemühen, so daß ihnen weder der Vorwurf der Gleichgültigkeit noch der anhaltend gröblichen Pflichtverletzung gemacht werden kann, die Beziehungen zwischen ihnen und dem Kind aufgrund der Dauer des Aufenthaltes in der Pflegefamilie jedoch immer mehr oberflächlichen Charakter annahmen oder aber ein Kontaktverbot im Interesse des Kindeswohls erlassen wurde, das zu einem Erlöschen der Beziehungen führte. Letztlich haben jedoch auch hier die leiblichen Eltern selbst die wesentliche Ursache für eine solche Entwicklung gesetzt. Entweder ist das Kind aufgrund eines mit den Pflegeeltern geschlossenen Pflegevertrages in der Pflegefamilie fremdplaziert worden oder es geschah jedoch zumindest auf ihre Veranlassung (nach einem Sorgerechtsentzug), wodurch eine Entwicklung in Gang gesetzt wurde, die unter bestimmten Umständen und nach gewisser Dauer typischerweise zu einer Auflösung oder zu einem Nichtentstehen der in Art. 6 Abs. 2 vorausgesetzten Wirklichkeit des Erziehungsverhältnisses führt und statt dessen ein Eltern-Kind-Verhältnis zu anderen Bezugspersonen entstehen läßt[63]. Diese Entwicklung liegt im typischen Konsequenzbereich nicht selbst ausgeübter Elternsorge. Da die leiblichen Eltern selbst hierzu Anlaß gegeben haben, müssen sie auch das Risiko einer Entfremdung bis hin zum Verlust der kindlichen Zuwendung tragen und dürfen dieses nicht dadurch dem Kinde aufbürden, daß sie zu seinem Nachteil an dem funktionslos gewordenen Rest ihres Elternrechts festhalten.

## IV. Ergebnis

Eine Änderung der bestehenden Gesetzeslage bzgl. der Ersetzung der Einwilligung leiblicher Eltern in die Adoption eines Pflegekindes durch seine Pflegeeltern ist verfassungsrechtlich möglich.

Aufgrund der Schwere des damit verbundenen Eingriffes in das Elternrecht, kommen hier jedoch nur Fallkonstellationen in Betracht, bei denen die Rechtsposition der Eltern ohne materiellen Inhalt lediglich noch als formeller Titel besteht und die Pflegeperson auf Dauer faktisch die Elternrolle übernommen hat.

---

[63] Schwab, A 114.

Das Kind muß zu den Pflegeeltern eine Eltern-Kind-Beziehung entwickelt haben, während zu den leiblichen Eltern keine Bindungen mehr vorhanden sind und eine Wiederherstellung derer nach den Umständen nicht zu erwarten ist.

## B. Reformvorschlag § 1748 ist um folgenden Absatz 4 zu ergänzen:

Die Einwilligung eines Elternteils kann ferner ersetzt werden, wenn bei einem Kind in Familienpflege ein Eltern-Kind-Verhältnis zu der Pflegeperson entstanden ist, zu dem Elternteil keine lebendige Beziehung besteht und eine solche auch in Zukunft nicht mehr zu erwarten ist und ein Unterbleiben der Adoption dem Kind zu unverhältnismäßigem Nachteil gereichen würde.

Der Antrag auf Ersetzung kann erst gestellt werden, wenn das Kind bereits seit zwei Jahren bei der Pflegeperson lebt.

### I. Sinn und Zweck des Reformvorschlags

Die Ergänzung zu § 1748 stellt den Versuch dar, für einen Teilbereich Widersprüche und Probleme des Pflegekindverhältnisses zu beseitigen.

Durch sie soll ein Beitrag dazu geleistet werden, für die durch die Beziehung zwischen den Pflegeeltern und dem Kind entstandene personale und soziale Wirklichkeit entsprechende Regeln zur Verfügung zu stellen. Der Reformvorschlag versteht sich hierbei als eine konsequente Weiterentwicklung der durch die Einführung des § 1632 Abs. 4 in das BGB begonnenen rechtlichen Anerkennung der faktischen Beziehungen zwischen den Pflegeeltern und dem Kind.

Vor allem soll der Praxis hiermit ein Instrumentarium an die Hand gegeben werden, um in eng umgrenzten Ausnahmefällen, in denen das Auseinanderfallen von Recht und Lebenswirklichkeit in besonderem Maße als unerträglich erscheint, Lösungen herbeizuführen, die insbesondere den Interessen des Kindes weitaus eher gerecht werden, als dies die gegenwärtige Rechtslage zu leisten vermag.

Der Reformentwurf verzichtet bewußt auf die Frage eines elterlichen Fehlverhaltens gegenüber dem Kind und stellt ausschließlich auf die bestehenden Bindungsverhältnisse des Kindes zu den leiblichen Eltern und den Pflegeeltern ab. Hierdurch trägt er der eigentlichen Problematik im Zusammenhang mit der Adoption eines Pflegekindes durch die Pflegeeltern Rechnung: Dem Bestehen von personalen Beziehungen des Kindes zu zwei Elternpaaren[64].

---

[64] Vgl. oben Kapitel 6 A III.

Durch den Verzicht auf die nur schwer feststellbare Frage eines elterlichen Fehlverhaltens dürften wohl Beweisschwierigkeiten, wie sie bisher bei der Anwendung der Tatbestandsvoraussetzungen des § 1748 auftraten[65], vermieden werden. Der Tatrichter hat als Ersetzungsvoraussetzung lediglich die Qualität der gegenwärtig vorhandenen Beziehungen des Kindes zu würdigen und ist nicht gehalten Vorgänge zu bewerten, die möglicherweise schon längere Zeit zurückliegen und sich im innersten Familienkreis abspielten. Bei seiner Entscheidung kann er sich insbesondere der Hilfe psychologischer Gutachter bedienen.

Durch die Aufgabe des Erfordernisses eines vorwerfbaren Verhaltens der leiblichen Eltern als Ersetzungvoraussetzung für die elterliche Einwilligung in die Adoption wird der Reformvorschlag auch den Fallkonstellationen eines Dauerpflegeverhältnisses gerecht, in denen zwar keine Pflichtverletzung gegenüber dem Kind vorliegt (z.B. bei einer freiwilligen Weggabe der Eltern in eine Pflegefamilie) oder die Pflichtverletzung wohl den Entzug der elterlichen Sorge nach § 1666 rechtfertigt, nicht aber eine Einwilligungsersetzung nach § 1748, jedoch eine Adoption durch die Pflegeeltern aufgrund des Kindeswohls als geboten erscheint. In diesen Fällen war de lege lata keine Adoption möglich[66].

Von der in dem Reformentwurf getroffenen Entscheidung zugunsten des Kindeswohls dürfte darüber hinaus eine Signalwirkung an die Instanzgerichte ausgehen, nicht um „jeden Preis" in Ersetzungsverfahren hinsichtlich der elterlichen Einwilligung in die Adoption zum Nachteil des Kindes die Rechte leiblicher Eltern zu schützen.

Der Reformentwurf dürfte somit wesentliche Probleme im Zusammenhang mit der Adoption eines Pflegekindes beseitigen und bei nicht wenigen Dauerpflegebeziehungen rechtliche Verhältnisse herbeiführen, die die bereits entstandene soziale Lebenswirklichkeit widerspiegeln und eine gedeihliche Entwicklung des Kindes garantieren.

Bei der Formulierung der Tatbestandvoraussetzungen ist dieser aufgrund der mit einer Einwilligungsersetzung verbundenen Konsequenzen bemüht, die einzelnen Fallkonstellationen so genau wie möglich zu umschreiben. Bewußt wurde hier auf die in starkem Maße von persönlichen Wertungen abhängige Generalklausel „Wohl des Kindes" verzichtet. Demokratie- und Rechtsstaatsprinzip gebieten vielmehr bei schweren Grundrechtseingriffen, deren Voraussetzungen weitgehend durch den Gesetzgeber vorzugeben.

[65] Vgl. oben Kapitel 4 E II.

[66] Vgl. oben Kapitel 4 E V.

## II. Erläuterung der einzelnen Tatbestandsmerkmale

### *1. „wenn bei einem Kind in Familienpflege ein Eltern-Kind-Verhältnis zu der Pflegeperson entstanden ist"*

Mit der Aufnahme der Tatbestandsvoraussetzung „Eltern-Kind-Verhältnis" knüpft der Reformentwurf an § 1741 an. Hier wie dort ist unter diesem Merkmal eine Intimbeziehung zu verstehen, wie sie zwischen Eltern und Kind üblich ist. Beurteilungsmaßstab hierfür ist das Modell durchschnittlicher Beziehungen zwischen leiblichen Eltern und Kindern[67].

Die Prüfung dieses Tatbestandsmerkmals im Rahmen von § 1741 macht dessen Feststellung als Voraussetzung der Einwilligungsersetzung in die Adoption noch nicht überflüssig. Anders als § 1741 begnügt sich der Reformvorschlag diesbezüglich nicht mit einer Prognose, sondern verlangt, daß insoweit die tatsächlichen Voraussetzungen als feststehend gegeben sind. Nur eine bestehende faktische Beziehung des Kindes zu seinen Pflegeeltern verdient den Schutz der Rechtsordnung, nicht bereits eine hierauf gerichtete „Anwartschaft". Erst wenn überhaupt bereits ein Eltern-Kind-Verhältnis zu den Pflegeeltern vorhanden ist, kann ein Eingriff in die Position der leiblichen Eltern gerechtfertigt sein.

Der Tatrichter hat deshalb zu ermitteln, ob die bestehenden Beziehungen zwischen dem Pflegekind und den Pflegeeltern mit der durchschnittlichen Beziehung zwischen leiblichen Eltern und Kind vergleichbar sind.

### *2. „zu dem Elternteil keine lebendige Beziehung besteht"*

Bei der Frage, ob zu den leiblichen Eltern eine „lebendige Beziehung" besteht, hat der Tatrichter sowohl die innere Qualität der Eltern-Kind-Beziehung zu bewerten als auch deren äußere Einlösung durch die leiblichen Eltern (durch Besuchskontakte, Telefonanrufe usw.). Es müssen positive Bindungen vorhanden sein, die in konkreten Bemühungen der Eltern, diese aufrechtzuerhalten, ihren Niederschlag finden. Nur wenn nach einer Fremdplazierung in einer Pflegefamilie noch eine tatsächliche Interaktion zwischen den leiblichen Eltern und dem Kind stattfindet, kann deren Beziehung die Trennung überdauern.

Bei der Bewertung des Eltern-Kind-Verhältnisses ist insbesondere das Alter des Kindes bei der Inpflegegabe zu berücksichtigen. Bei einer sehr frühen Trennung von den leiblichen Eltern hat sich in der Regel noch keine differenzierte Beziehung zu diesen entwickelt. Auch Besuchskontakte lassen hier erfahrungsgemäß kein Eltern-Kind-Verhältnis entstehen. Das Kind sieht vielmehr die Pflegeeltern als seine Hauptbindungsfiguren an[68].

Ein wichtiges Indiz für das Vorhandensein einer „lebendigen Beziehung" ist die Einstellung des Kindes zu dem entsprechenden Elternteil. Durch Anhörun-

---

[67] BGHZ 35, S. 75, 80.

[68] Vgl. Kapitel 1 D II 3.

gen, insbesondere von kleineren Kindern, gewonnene Aussagen sind in diesem Zusammenhang sehr kritisch zu würdigen. Oftmals sind diese durch Phantasievorstellungen und Verdrängungsmechanismen verzerrt. Nicht selten führt auch die jeweilige Umgebung des Kindes zu einer nicht zu unterschätzenden Willensbeeinflussung. Dem Richter kommt hier die schwierige Aufgabe zu, im Einzelfall den fremdgesteuerten Willen des Kindes zu disqualifizieren und seinen wirklichen Willen trotz Phantasievorstellungen und Verdrängungsmechanismen festzustellen[69]. Hierbei kann er sich insbesondere der Hilfe psychologischer Gutachter bedienen. Deren zur Ermittlung des kindlichen Willens entwickelten Methoden, wie z. B. die Spielexploration, lassen recht wirklichkeitsgetreue Aussagen über die Bindung des Kindes zu seinen Bezugspersonen treffen.

### 3. *„und eine solche auch in Zukunft nicht mehr zu erwarten ist"*

Hiernach ist eine Prognose hinsichtlich der künftigen Entwicklung des Verhältnisses zu den leiblichen Eltern erforderlich. Der Reformentwurf trägt hierdurch dem Grundsatz des Vorrangs leiblicher Eltern bei der Erziehung des Kindes und dem Verhältnismäßigkeitsgrundsatz Rechnung.

In Anbetracht der weitreichenden Konsequenzen, dem entgültigen Entzug der Elternrechte und der endgültigen Auflösung der Familie, ist hiernach eine Ersetzung der Einwilligung leiblicher Eltern in die Adoption auf besondere Ausnahmesituationen begrenzt[70]. Das Eltern-Kind-Verhältnis muß so sehr von der Norm abweichen, daß die Elternverantwortung als das Korrelat des Elternrechts diesem nicht mehr gegenübersteht[71]. Solange eine Wiederherstellung des Eltern-Kind-Verhältnisses möglich erscheint, hat der Staat alles nur denkbare zu tun, um die leiblichen Eltern durch helfende Maßnahmen hierbei zu unterstützen[72]. Eine Ersetzung ihrer Einwilligung in die Adoption des Kindes kommt demgemäß erst dann in Betracht, wenn eine Prognose ergibt, daß auch in Zukunft keine Wiederherstellung ihrer Beziehungen zu dem Kind zu erwarten ist.

Wichtiges Bewertungskriterium in diesem Zusammenhang ist, ob zu dem Kind noch eine „wiederbelebungsfähige Restbindung"[73] besteht. Die Eltern müssen noch latent als Bindungspersonen vorhanden sein. Hat das Kind diese erst einmal vollständig aus seinem Gedächtnis gelöscht, ist in der Regel nicht mehr damit zu rechnen, daß durch ein eventuelles plötzliches Bemühen ihrerseits wieder eine Beziehung entsteht.

Bei der Bewertung ist insbesondere das Alter des Kindes und die Dauer eines eventuellen Kontaktabbruches zu den leiblichen Eltern zu berücksichtigen.

---

[69] Vgl. Kapitel 3 B II 1.
[70] Vgl. Kapitel 6 A II.
[71] Vgl. BVerfGE 24, S. 119, 143 ff.
[72] Vgl. BVerfGE 24, S. 119, 145.
[73] Vgl. hierzu Kapitel 6 A III.

Bei kleineren Kindern bis zu etwa drei Jahren, kann bereits ein Zeitraum von wenigen Monaten völligen Kontaktabbruches zu den leiblichen Eltern genügen, damit diese aus ihrem Gedächtnis entschwinden.

## 4. „wenn das Unterbleiben der Annahme dem Kind zu unverhältnismäßigem Nachteil gereichen würde"

Neben der Bewertung der personalen Beziehungen des Kindes hat das Vormundschaftsgericht festzustellen, ob „das Unterbleiben der Adoption dem Kind zu unverhältnismäßigem Nachteil gereichen würde".

Die Prüfung dieser Voraussetzung ist aus verfassungsrechtlichen Gesichtspunkten geboten. Aufgrund des weitreichenden Eingriffes in das Elternrecht durch die mit einer Einwilligungsersetzung verbundenen Konsequenzen hat der Vormundschaftsrichter im Einzelfall die strikte Einhaltung des Verhältnismäßigkeitsgrundsatzes zu beachten. In Anknüpfung an die gleichlautende Formulierung in § 1748 Abs. 1 S. 1 muß der Nachteil für das Kind in Beziehung gesetzt werden zu der Schwere des Eingriffes in das Elternrecht[74].

Im übrigen kann auf die Ausführungen zur Auslegung dieses Merkmals im Zusammenhang mit § 1748 Abs. 1 S. 1 verwiesen werden, die hier sinngemäß Geltung beanspruchen.

## 5. „Der Antrag auf Ersetzung kann erst gestellt werden, wenn das Kind bereits seit zwei Jahren bei der Pflegeperson lebt."

Die Bewertung der personalen Beziehungen des Kindes kann sich im Einzelfall als für den zur Entscheidung Berufenen als schwere Aufgabe erweisen. Oftmals wird er sich hierbei der Hilfe psychologischer Gutachter bedienen müssen, die nicht selten bei der Bewertung zu unterschiedlichen Ergebnissen gelangen. Durch die Einführung der Frist in Satz 2 des Reformentwurfs soll sowohl dem Richter eine Entscheidungshilfe gegeben werden, als auch die Einhaltung der materiellen Voraussetzungen für die Ersetzung abgesichert werden.

Die Frist von zwei Jahren orientiert sich hierbei an den Erkenntnissen einschlägiger Wissenschaften. Befindet sich das Kind zwei Jahre bei der Bindungsperson, so ist bei einem positiven Verlauf des Pflegeverhältnisses in der Regel davon auszugehen, daß die Beziehungen zu ihr für das Kind weit bedeutsamer erscheinen, als die verbliebenen Bindungen zu den leiblichen Eltern[75]. In Verbindung mit dem Wunsch der Betreuungsperson, die Pflege und Sorge weiterzuführen, ist diese Zeitspanne ein verläßlicher Indikator für die rechtliche Anerkennung der faktischen Beziehung zu den Pflegeeltern und für die Beendigung des rechtlichen Verhältnisses zwischen Kindern, abwesenden Eltern und abwesenden Stellen[76].

---

[74] MüKo-Lüderitz § 1748 Rz. 13.

[75] Goldstein, Diesseits des Kindeswohls, S. 47.

[76] Vgl. Goldstein, Diesseits des Kindeswohls, S. 48.

# Schlußbetrachtung

Die Überlegungen dieser Arbeit zeigen im Ergebnis, daß das geltende Adoptionsrecht dem Bedürfnis des faktischen Eltern-Kind-Verhältnisses zwischen Pflegekind und Pflegeeltern nach einer rechtlichen Angleichung an die bestehenden sozialen Gegebenheiten nicht gerecht wird.

Nicht für jedes Pflegekindverhältnis kommt freilich die förmliche Kindesannahme als das richtige Mittel in Betracht. Haben Pflegepersonen jedoch auf Dauer die Rolle der leiblichen Eltern übernommen, so besteht hier nicht selten ein Bedürfnis, die entstandenen Bindungen auch rechtlich auszudrücken und abzusichern.

Das geltende Recht enthält in diesem Zusammenhang keine differenzierten Regeln, sondern behandelt vielmehr alle denkbaren Konstellationen der Adoption gleich. Die vorhandenen allgemeinen Regelungsmechanismen sind nicht imstande, für den spezifischen Interessenkonflikt zwischen Pflegekind, Pflegeeltern und leiblichen Eltern befriedigende Lösungen herbeizuführen. Verweigern leibliche Eltern ihre Einwilligung in die Adoption des Kindes, so ist de lege lata bei nicht wenigen Fällen eine Adoption und somit eine rechtliche Integration in die Pflegefamilie auf Dauer ausgeschlossen. Das daraus resultierende rechtliche Defizit geht dabei in vollem Umfange zu Lasten des Kindes.

Der in dieser Arbeit unterbreitete Reformvorschlag soll hier einen Beitrag leisten, die bestehende Rechtslage zugunsten des Kindes zu verbessern.

In Anbetracht der Entscheidung des BVerfG zur Verfassungsmäßigkeit von § 1747 Abs. 2 S. 1 u. 2[1] und der angekündigten Reform des Kindschaftsrechts[2] dürfte der hier behandelten Thematik ein hohes Maß an Aktualität zukommen. In seiner Entscheidung vom 7. März 1995 hielt das Gericht § 1747 Abs. 2 S. 1 u. 2 insoweit für verfassungswidrig, als darin weder eine Einwilligung des Vaters noch eine Abwägung mit dessen Belangen bei einer Adoption eines nichtehelichen Kindes durch seine Mutter oder deren Ehemann vorgesehen sei.

Dem Gesetzgeber wurde aufgegeben, die Verfassungswidrigkeit der entsprechenden Vorschrift spätestens bis zum Ende der Legislaturperiode im Oktober 1998 zu beseitigen. Es bleibt zu hoffen, daß der Gesetzgeber in diesem Zusammenhang nicht nur den Auftrag des BVerfG erfüllt, sondern diese Gelegenheit zum Anlaß nimmt, das Adoptionsrecht auch im Hinblick auf die Bedürfnisse eines Dauerpflegekindes zu überdenken.

---

[1] BVerfG DA Vorm 1995, 627 ff.

[2] Vgl. BVerfG DA Vorm 1995, S. 627, 633.

# Literaturverzeichnis


*Agell, Anders, Saldeen, Ake,* Faderskap, vardnad, adoption, 2. Aufl., Uppsala 1985.

*Ainsworth, Mary,* in: Bowlby, Mutterliebe und kindliche Entwicklung(siehe Bowlby), S. 173 ff.

*Arndt, Hans-Wolfgang, Schweitzer, Michael,* Zur Ersetzung der elterlichen Adoptionseinwilligung nach § 1747 a BGB, ZBlJugR 1974, S. 201.

*Baethge, Gisela,* Adoption – eine unwiderrufliche Entscheidung, Prax. Kinderpsychol. Kinderpsychiat. 1993, S. 55.

*Baer, Ingrid,* Die neuen Regelungen der Reform des Rechts der elterlichen Sorge für das „Dauerpflegekind", FamRZ 1982, S. 221.

*Barth, Klaus,* Amtsvormundschaft und Adoptionsvermittlung, ZfJ 1985, S. 347.

*Beitzke, Günther,* Familienrecht, 15. Aufl., München 1970.

ders. Reform des elterlichen Sorgerechts, ZBlJugR 1973, S. 121.

*Beitzke, Günther, Lüderitz, Alexander,* Familienrecht, 26. Aufl., München 1992.

*Bergmann-Ferid,* Internationales Ehe- und Kindschaftsrecht (Loseblattsammlung), Frankfurt/Main, Stand: November 1995.

*Berner Kommentar,* Kommentar zum schweizerischen Privatrecht, Bd. II, 2. Abteilung, 1. Teilband, Bern 1984.

*Bettelheim, Bruno,* Liebe allein genügt nicht, Stuttgart 1970.

*Blandow, Jürgen,* Rollendiskrepanzen in der Pflegefamilie, München 1972.

*Blandow, Jürgen, Frauenknecht, Brigitte,* Dauerpflege, Adoption und Tagesbetreuung, München 1980.

*Bogdan, Michael,* in Schwab/Henrich (Hrsg.) : Entwicklungen des europäischen Kindschaftsrechts, Bielefeld 1994.

*Bonhoeffer, Martin, Widemann, Peter,* Kinder in Ersatzfamilien, Stuttgart 1974.

*Bosch, Friedrich Wilhelm,* Anmerkung zu AG Achern v. 13. 5.1959, FamRZ 1959, S. 379.

*Bowlby, John,* Bindung, München und Basel 1975.

ders. Mutterliebe und kindliche Entwicklung, München 1972.

ders. Mütterliche Zuwendung und geistige Gesundheit, München 1973.

ders. Trennung, München 1976.

*Boxdorfer, Dietrich,* Kindeswohl und elterliche Gewalt nach der Scheidung, RdJB 1972, S. 260.

*Christoffel, Hans,* Skizzen zur menschlichen Entwicklungsgeschichte, Bern und Stuttgart 1965.

*Coester, Michael,* Das Kindeswohl als Rechtsbegriff, Frankfurt/Main 1983.

*Diederichsen, Uwe,* Zur Reform des Eltern-Kind- Verhältnisses, FamRZ 1978, S. 461.

*Dopffel, Peter,* Kindschaftsrecht im Wandel, Tübingen 1994.

*Dührssen, Annemarie,* Heimkinder und Pflegekinder in ihrer Entwicklung, 5. Aufl., Göttingen 1974.

*Ebertz, Beate,* Adoption als Identitätsproblem, Freiburg 1987.

*Eichenberger, Rolf,* Die materiellen Voraussetzungen der Adoption Unmündiger nach neuem schweizer Adoptionsrecht, Wettingen 1974.

*Ell, Ernst,* Der elende Glanz des Pflegekindes Janina, ZFJ 1990, S. 343.

*Engler, Helmut,* Auf dem Weg zu einem neuen Adoptionsrecht, Bielefeld 1972.

*Erichsen, Hans-Uwe,* Elternrecht-Kindeswohl-Staatsgewalt, Berlin 1985.

*Finger, Peter,* Familienrecht, Königsstein/Ts. 1979.

ders. Belehrung und Beratung durch das Jugendamt nach § 1748 Abs. 2 S. 2 BGB, 51 a JWG, DA Vorm 1990, S. 394.

ders. Die Ersetzung der Einwilligung eines Elternteils in die Annahme als Kind nach § 1748 BGB, FuR 1990, S. 183.

*Frank, Rainer,* Grenzen der Adoption, Frankfurt/Main 1978.

*Frankfurter Lehr- und Praxis- Kommentar zum KJHG,* J. Münder u.a. (Hrsg.), Frankfurter Lehr- und Praxis- Kommentar zum Kinder- und Jugendhilfegesetz, 2. Aufl., Münster 1993.

*Freud, Anna, Burlingham, Dorothy,* Heimatlose Kinder, Frankfurt/Main 1971.

*Freud, Sigmund,* Der Familienroman der Neurotiker, in: Gesammelte Werke, Bd. 7, Frankfurt/Main 1966.

*Gawlitta, Kurt,* Verspätete Beratung durch das Jugendamt im Ersetzungsverfahren zur Adoption?, ZfJ 1988, S. 110.

ders. Anmerkung zum Beschluß des BVerfG vom 20. 1. 1987 – BvR 735/86, FamRZ 1988, S. 807.

*Geiger, Willi,* Recht des Staates und Elternrecht, FamRZ 1979, S. 457.

*Gernhuber, Joachim,* Kindeswohl und Elternwille, FamRZ 1973, S. 229.

*Gernhuber, Joachim, Coester-Waltjen, Dagmar,* Lehrbuch des Familienrechts, 4. Aufl., München 1994.

*Giesen, Dieter,* Ehe und Familie in der Ordnung des Grundgesetzes, JZ 1982, S. 817.

ders. Genetische Abstammung und Recht, JZ 1989, S. 364 ff.

*Glässing, Hellmut,* Voraussetzungen der Adoption, Frankfurt/Main und Berlin 1957.

*Goldfarb, William,* Effects of Psychological Deprivation in Infancy and Subsequent Stimulation, American Journal of Psychiatry, Bd. 102 (1945), S. 18 ff.

*Goldstein, Joseph, Freud, Anna, Solnit, Albert J.,* Diesseits des Kindeswohls, Frankfurt/Main 1982.

dies. Jenseits des Kindeswohls, 2. Aufl., Frankfurt/Main 1991.

*Goldstein, Joseph, Katz, Jay,* The Family and the Law, New York 1965.

*Grabitz, Eberhard,* Der Grundsatz der Verhältnismäßigkeit in der Rechtsprechung des BVerfG, AÖR 98, S. 568 ff.

*Gross, Helga,* Das Recht der elterlichen Sorge, 2. Aufl., Frankfurt/Main 1980.

*Gudat, Ulrich,* in: Handbuch Beratung im Pflegekinderbereich, München 1987.

*Happe, Günter,* Anmerkung zum Beschluß des BVerfG vom 12. 10. 1988 – 1 BvR 818, 88, Jugendwohl 1990, S. 515.

*Hassenstein,Bernhard,* Verhaltensbiologie des Kindes, 3. Aufl., München und Zürich 1978.

*Hinz, Manfred,* Elternverantwortung und Kindeswohl – Neue Chancen zu ihrer Verwirklichung für die Rechtsprechung?, ZfJ 1984, S. 529.

*Hoffmann-Riem, Christa,* Das adoptierte Kind, 2. Aufl., München 1985.

*Huber, Gerd,* Psychiatrie, 5. Aufl., Stuttgart 1994.

*Junker, Reinhold, u.a.,* Pflegekinder in der Bundesrepublik Deutschland, Frankfurt/Main 1978.

*Korkisch, Friedrich,* Einführung in das Privatrecht der nordischen Länder, Bd. I, Darmstadt 1977.

*Kropholler, Jan,* Das Kindeswohl als Rechtsbegriff, JZ 1984, S. 164.

*Lakies, Thomas,* Tendenzen im Pflegekindschaftsrecht, ZFJ 1989, S. 521.

*Larenz, Karl,* Methodenlehre der Rechtswissenschaft, 6. Aufl., Berlin, Heidelberg, New York u.a. 1991.

*Leibholz, Gerhard, Rinck, Hans-Justus, Hesselberger, Dieter,* Grundgesetz für die Bundesrepublik Deutschland, Kommentar an Hand der Rechtsprechung des BVerfG (Loseblattsammlung), Bd. I, 7. Aufl., Köln, Stand: Dezember 1995.

*Lempp, Reinhart,* in: Verhandlungen des 54. Deutschen Juristentages, Band II (Sitzungsberichte), I 43–60.

*Lindesmith, Alfred R., Strauss, Anselm L.,* Symbolische Bedingungen der Sozialisation, Teil 2, Düsseldorf 1975.

*Lüderitz, Alexander,* Elterliche Sorge als privates Recht, AcP 178 (1978), S. 263.

ders. Adoption, Karlsruhe 1972.

*Maunz, Theodor, Dürig, Günter,* Grundgesetz Kommentar (Loseblattsammlung), Bd. I, München, Stand: Mai 1994.

*Mehringer, Andreas,* Eine kleine Heilpädagogik, Unsere Jugend 1975, S. 146 ff.

*Meierhofer, Marie, Keller, Wilhelm,* Frustration im frühen Kindesalter, 3. Auflage, Bern, Stuttgart und Wien 1974.

*Müller, Christian,* Lexikon der Psychiatrie, Berlin, Hamburg, New York 1973.

*Müller-Freienfels, Wolfram,* in: Familienrecht im Wandel, Festschrift für Hans Hinderling, Basel und Stuttgart 1976, S. 111 f.

*Münchener Kommentar,* Rebmann, Kurt; Säcker, Franz Jürgen (Hrsg.), Münchener Kommentar zum Bürgerlichen Gesetzbuch, Bd.8, Familienrecht II, 3. Aufl., München 1992.

*Münder, Johannes,* „Wohl des Kindes“ in vormundschaftsgerichtlichen und familiengerichtlichen Entscheidungen, RdJB 1981, S. 82.

*Muss, Barbara,* Gestörte Sozialisation, 2. Aufl., München 1975.

*Nienstedt, Monika, Westermann, Arnim,* Pflegekinder, 2. Aufl., Münster 1990.

*Oberloskamp, Helga,* Die Ersetzung der Einwilligung der leiblichen Eltern in die Annahme ihres Kindes (§ 1748 BGB), ZBlJugR 1980, S. 581.

*Ossenbühl, Fritz,* Treuhänderische Wahrnehmung von Grundrechten der Kinder durch die Eltern, FamRZ 1977, S. 533.

ders. Das elterliche Erziehungsrecht im Sinne des GG, Berlin 1981.

*Palandt,* Bürgerliches Gesetzbuch, 55. Aufl., München 1996

*Permien, Hanna,* in: Handbuch Beratung im Pflegekinderbereich, München 1987.

*Pieroth, Bodo, Schlink, Bernhard,* Grundrechte Staatsrecht II, 11. Aufl., Heidelberg 1995.

*Plinke, Reinhilt, Sell, Inga, Sell, Herbert,* Erziehung in der Pflegefamilie, Stuttgart 1979.

*Reichsgerichtsrätekommentar,* Das Bürgerliche Gesetzbuch mit besonderer Berücksichtigung der Rechtsprechung des Reichsgerichts und des Bundesgerichtshofes, herausgegeben von Mitgliedern des Bundesgerichtshofes, §§ 1741–1772 BGB, 12. Aufl., Berlin und New York 1986.

*Richter, Horst-Eberhard,* Eltern, Kind und Neurose, 2. Auflage, Hamburg 1969.

*Roth, Andreas,* Das Kind zwischen leiblichen Eltern und Pflegeeltern, ZfJ 1987, S. 64.

*Roth, Mechthild,* Offene Adoption, ZfJ 1986, S. 258.

*Rummel, Carsten,* in: Handbuch Beratung im Pflegekinderbereich, München 1987.

*Salgo, Ludwig,* Pflegekindschaft und Staatsintervention, Darmstadt 1987.

ders. Verbleib des Kindes bei den Pflegeeltern gegen den Willen der leiblichen Eltern, NJW 1985, S. 413.

*Schellhorn, Walter, Wienand, Manfred,* Kommentar zum KJHG, Neuwied, Kriftel, Berlin 1991.

*Schenk- Danziger, Lotte,* Entwicklungspsychologie, 9. Auflage, Wien 1975.

*Schmalz, Dieter,* Methodenlehre, 3. Aufl., Baden-Baden 1992.

*Schmid, Viola,* Die Familie in Art. 6 des Grundgesetzes, Berlin 1989.

*Schmidt-Kolmer, Eva* Der Einfluß der Lebensbedingungen auf die Entwicklung des Kindes im Vorschulalter, Berlin-Ost 1963.

*Schmitt Glaeser, Walter,* Das elterliche Erziehungsrecht in staatlicher Reglementierung, Bielefeld 1980.

*Schubert, Werner,* Die Projekte der Weimarer Republik zur Reform des Nichtehelichen-, des Adoptions-, und des Ehescheidungsrechts, Paderborn 1986.

*Schumann, Marianne,* in: Handbuch Beratung im Pflegekinderbereich, München 1987.

*Schwab, Dieter,* in: Verhandlungen des 54. Deutschen Juristentages, Band I (Gutachten), A 1–136.

ders. Familienrecht, 7. Aufl., München 1993.

*Schwimann, Michael,* Praxiskommentar zum Allgemeinen Bürgerlichen Gesetzbuch, Bd. I, Wien 1990.

*Siedhoff, Eckhart,* Konkurrenzprobleme zwischen § 1666 I S. 1 BGB und § 1632 IV BGB, FamRZ 1995, S. 1254 ff.

*Simitis, Spiros, u.a.,* Kindeswohl – eine interdisziplinäre Untersuchung über seine Verwirklichung in der vormundschaftsgerichtlichen Praxis, Frankfurt/Main 1979.

*Soergel,* Bürgerliches Gesetzbuch, Bd. 8, Familienrecht II, 12. Aufl., Stuttgart 1987.

*Spitz, Rene,* Hospitalism: an inquiry into the genesis of psychiatric conditions in early childhood, The psychoanalytic study of the child, Bd. 1 (1945), S. 53.

*Staudinger, Julius von,* Kommentar zum Bürgerlichen Gesetzbuch, Bd. IV, Familienrecht, Teilband 4, 12. Aufl., Berlin 1992.

*Textor, Martin,* Offene Adoptionsformen, NDV 1991, S. 107 ff.

*Wallmeyer, Josef,* in: Verhandlungen des 54. Deutschen Juristentages, Band II (Sitzungsberichte), I 9–42.

*Wiemann, Irmela,* Pflege- und Adoptivkinder, Hamburg 1991.

*Yarrow, Leon,* Seperation from parents during Early Childhood, in: Hoffman and Hoffman, Review of Child Development Research, Vol. I, New York 1965.

*Zenz, Gisela,* in: Verhandlungen des 54. Deutschen Juristentages, Band I (Gutachten), A 1–136.

dies. Kindesmißhandlung und Kindesrechte, Frankfurt/Main 1979.

dies. Zur Reform der Elterlichen Gewalt, AcP 173 (1973), S. 527.

dies. in Kühn/Tourneau (Hrsg.): Familienrechtsreform – Chance einer besseren Wirklichkeit, Bielefeld 1978.

# Schriftenreihe der Juristischen Fakultät der Europa-Universität Viadrina Frankfurt (Oder)

Heiko Artkämper
*Hausbesetzer, Hausbesitzer, Hausfriedensbruch*
1995. XXIV, 340 Seiten. DM 98,-
ISBN 3-540-59005-6

Beate Ilona Nettelbeck
*Produktsicherheit · Produkthaftung*
1995. XXXVI, 170 Seiten. DM 76,-
ISBN 3-540-59242-3

Manfred Mohr (Hrsg.)
*Friedenssichernde Aspekte des Minderheitenschutzes in der Ära des Völkerbundes und der Vereinten Nationen*
1996. XVI, 362 Seiten. DM 128,-
ISBN 3-540-61366-8

Andreas Damm
*Gebührenprivileg und Beihilferecht*
1998. XX, 188 Seiten. DM 98,-
ISBN 3-540-63917-9

Marcus Longino
*Die Pflegekinderadoption*
1998. XIV, 118 Seiten. DM 98,-
ISBN 3-540-64036-3

GPSR Compliance

*The European Union's (EU) General Product Safety Regulation (GPSR) is a set of rules that requires consumer products to be safe and our obligations to ensure this.*

*If you have any concerns about our products, you can contact us on ProductSafety@springernature.com*

In case Publisher is established outside the EU, the EU authorized representative is:

Springer Nature Customer Service Center GmbH
Europaplatz 3
69115 Heidelberg, Germany

**Batch number: 10682323**

Printed by Printforce, the Netherlands